修習生って何だろう

司法試験に受かったら

21世紀の司法修習を見つめる会 編

現代人文社

◎はじめに

こんな本を作ろうという話しが出たのは、確か、酒の席でした。しかも、司法研修所の卒業試験にあたる二回試験（カリキュラム紹介参照）を目前に控え、修習生の多くは、特に裁判官になろうという人たちは必死になって勉学に励んでいる時期のことでした。本書編集委員とその仲間たちが飲み会を開き、「本」を作るなどという「とてつもない」ことを、酔っぱらった誰かが思いつきで言い出したのでした。

弁護士、裁判官、検察官はたいていの人が名前くらい聞いたことがあるだろうけれど、「司法修習生」なるものについて、多くの人が「？」じゃないか。法律家の「卵」が、どんなふうに修習期間を過ごすのかを知ってもらうことで、「卵」に対して親近感を持ってもらう。それが、ひいては法曹全体への「身近さ」につながるのではないか。まず、法曹とは日頃縁のない人に、「修習生」を知ってもらいたいという気持ちがありました。

また、司法試験を志す人たちに、受かったらこんな感じですよと具体的なイメージを持ってもらい、試験突破の原動力作りに少しでも役立てばと考えました。法学部の学生には、将来の職業を考えるときに、参考にしてもらえればとの思いがありました。さらに、現役の修習生が、充実した司法修習を送るための一助となるかもしれない。

そんな様々な方のお役に立てればという気持ちから、できる限りたくさんの修習生の原稿を集めて、いろいろな修習生からみた司法修習というものをみなさんにお伝えするよう努力しました。

目次を見ていただくとわかりますが、総勢二〇名以上の修習生に原稿をお願いしました。弁護士だけでなく、今現在、裁判官、検察官として働いている人たちにも協力していただきました。その結果さまざまな立場、考え方の修習生の個々の体験談を通じて、通り一遍でない、修習生の「生」の声をお伝えできたのではないかと思います。

また、当初からそのような目的があったわけではないのですが、結果的には、いま大きく取り上げられている「司法改革」を考えるうえで、貴重な素材となりうるのではないかと思います。

法曹養成問題、法曹人口問題、法曹一元問題は司法改革問題の中でも大きなウエイトを占めており、これについて各界からいろいろな意見が出されていますが、編集委員の知る限りでは、現役修習生からの意見は見当たりません。

この本は、現役修習生からの現場の生の声に限りなく近いものであるだけでなく、司法改革の問題を意識し、特定の方向を持って出された意見ではないだけに、より一層「生の資料」としての価値があるように思います。

さて、冒頭でもお伝えしましたが、試験間近の忙しい時期に突如降りかかってきた原稿依頼に快く応じて下さった方々には、編集委員一同、感謝の気持ちでいっぱいです。みなさんのご協力なしには、このような本を完成することはできませんでした。本当にありがとうございました。

丁度、一年半前の今頃、編集委員のみんなと、時には朝の八時頃から、また時には夜の九時ころから、編集会議を開き缶ビール片手に（さすがに朝の会議ではビールぬきでしたが……）あれやこれやと議論していたことを懐かしく思い出します。

校正にあたり原稿を一つ一つ読み返してみると、日々事件に取り組む中で、つい忘れがちな修習生の頃の「思い」や「気持ち」がよみがえります。

最後に、この本が、多くの人に楽しんでいただけることを切に願っております。

編集委員一同

二〇〇〇年九月

修習生って何だろう
司法試験に受かったら
目次

プロローグ
合格発表から採用内定まで……1

第1部 研修所で何をするの？

カリキュラム
修習生の春・夏・秋・冬……9

司法修習生
こんな人もいます、あんな人もいます……25

第2部 実務修習の体験

1民事弁護修習①
事実の重みを忘れた法律論は空虚である……39

2民事弁護修習②
民事事件は奥が深い──サラ金法律相談にて……52

3刑事弁護修習①
弁護側と検察側の力量の圧倒的違い……60

4刑事弁護修習②
「刑務所帰り」のレッテル……65

5検察修習①
一筋縄ではいかない取調べ……71

6検察修習②
公判実務修習の醍醐味……85

7民事裁判修習①
わかりやすい裁判、親しまれる司法の実現……93

8民事裁判修習②
裁判官の仕事と裁判の内情……103

9刑事裁判修習
お食事中の人、寝る前の人は読まないでください……111

10家裁修習①
知恵出し合って、少年の処遇を模索……119

11家裁修習②
裁判官と議論するなかで学んだもの……125

第3部 法曹三者それぞれの志望者へ
実務修習で得られたもの……1裁判官志望者……135
「裁判官任官の条件」とは何か……2裁判官志望者たちの声……138
実務修習の心得三題……3検察官志望者……149
就職活動の仕方についてのアドバイス……4弁護士志望者……151

第4部 どうみる統一修習
統一修習の意味について考える……1裁判官志望者から見た統一修習……165
絶対的に必要ではない統一修習……2渉外弁護士志望者から見た統一修習……170 3【座談会】企業法務弁護士志望者から見た統一修習
修習のメリットとデメリット…………175
法曹三者の立場が理解できる制度が望ましい……4修習制度に関する雑感……196

特別編 五一期司法修習生座談会
刑事弁護修習はいかに行われているか……201

エピローグ
二一世紀の司法修習を展望する――修習改善のための提言……239

コラム
実務修習希望地の選び方1……3
実務修習希望地の選び方2……4
51期司法修習生「春の集会」……24
司法修習と教育の違い……50
修習生失敗談特集……57
「取調べ修習拒否」関連用語……79
「いろもの事件」って何……89
気になる一年生弁護士の給与……159

プロローグ／合格発表から採用内定まで

合格に浮かれて気づかない間に、さまざまな調査がされているようです。はたして何のための調査なのか、不透明感が残ります。今年春に、研修所に入所した五四期の合格者の体験から紹介しましょう。

合格発表が昨年一〇月二九日にあったが、喜びに浸るひまはあまりない。一一月五日までに司法修習生採用選考のための申込書等を郵送しなければならなかったからである。

その申込書に関していうと、家族状況、職歴、友人など、本来プライバシーに属すると私には思われる事柄まで書くことが求められていた。

司法研修所で面接

一二月九日に司法研修所で面接（口述試験）があった。聞かれたことは、人によりまちまちであったが、だいたいは、前述の申込書に記入した修習地を希望した理由について詳しく聞かれた。ただ、検察官志望の人などに対しては、検察官になれば、転勤でどんなところにも行く必要があるなどと言って、希望した修習地には行けないということをあからさまに匂わせる試験官もいたそうである。

修習地の内定

そして、一月下旬に修習地の内定を知らせる通知が来た。希望どおりの修習地の内定をもらった人もいれば、もらえなかった人もいた。ただ、内定した修習地が知らされるだけで、内定の理由などは一切ない。希望どおりにならなかった人は、その理由を知りたいと思うだろうし、それは自然な感情だと思う。知らせないことにどのような合理性があるのかもよくわからない。短答式試験において解答を明らかにしないことに通じる、情報公開への消極的な姿勢を感じたのは、私だけではなかったと思う。

書類を提出

それから、二月一四日までに修習開始に伴う諸手続についての書類を提出するのであるが、その書類の中に身上報告書があり、その身上報告書において、またも、家族状況、職歴、交友関係などについて書くことが求められた。ある合格者は、研修所になぜ書くのか問い合わせしたところ、書かなくてもいいという返事をもらったという。一度書かせた事柄について、またも書かせる理由がどこにあるのか、それらの事柄を知ってどうしようというのか、修習予定者といえども、プライバシーはあるのではないか、などの疑問をもったのは私だけではない。

総じて、採用に関する手続については、不透明感が拭えない。研修所は、この点について説明してもよいのではないかと思わざるをえない。

採用の経緯は、こんな感じであるが、他方で、合格者同士の結びつきはこの頃から始まり、さまざまな学習会や、交流の機会があり、忙しくも楽しい時期である。そうこうするうちに、あっという間に入所直前の時期を迎えていた。

コラム【実務修習希望地の選び方１】

司法試験に最終合格すると、修習希望地を記入して、研修所に届ける手続があります。研修所は、それを参考に、面接を経たうえで実際の実務修習地を決めると言われています（ただし、どの程度考慮されるかは不明）。

どこで修習するかで決定的な違いが出るわけではないのですが、やはり、修習の大半を過ごす実務修習地の希望は重要です。そこで、われわれがポイントと考える点について、以下に説明します。

配偶者や恋人のいる修習生は、それを理由に修習地の希望を出します。それは研修所からかなりの程度考慮されます。

将来の就職をにらんで、修習地を希望する人も多いです（特に弁護士の場合）。やはり、就職する土地からあまり離れた土地で修習すると、就職活動で、交通費がかかってしまうからです。

しかし、就職に特に不利ということはありません。むしろ、あえて縁もゆかりもない、そして、今後もゆかりもないような土地で修習するのもいい経験になるでしょう。

また、裁判官になるには修習地と就職は関係ありません。検察官志望者にとっては小規模庁の方がいいかもしれません。というのは、そこの修習地に配属された修習生を検察官にすることが、その土地の検察庁の手柄になるようです。そのため、検察庁としては、修習生のうち一人は検察官にしようと勧誘するからです。

【実務修習希望地の選び方２】

●実務修習地の分類

各実務修習地について、大別すると、大規模庁、中規模庁、小規模庁、に分類できます。具体的には、大規模庁は東京と大阪です。

東京は、平成九年採用の修習生の場合、全員で一五〇人近く、三班制で、一班五〇弱でした。大阪は約九〇人でやはりいくつかの班に分かれています。

中規模庁は名古屋、横浜、京都、福岡、仙台、札幌、広島、高松などです。二〇から四〇人程度の人数です。

小規模庁は、それ以外の修習地です。修習生数は三人から、一〇人前後です。

以下、右の大規模庁、小規模庁、中規模庁の分類に従って、修習地希望の材料となるようなそれぞれの特色を述べます。

《大規模庁》まず特徴としてあげられるのは、弁護士の数が豊富だということです。

さまざまな思いつく限りのテーマについて、専門的にやっている弁護士が、たいていの場合います。また、裁判所の問題点（官僚的である、市民的感覚からずれている）を実感することができたとの声もあります。

さらに、全国的に注目されるような大事件が多いため、法廷にテレビカメラが入ったときに映されて全国ネットで放映されることもあります。

残念な点としては、一班あたりの修習生の数が多すぎて、検察庁では指導担当検事や事務官との人間的交流を修習生みんながもてたわけではないということがあります。

また、配属される修習生の人数が多すぎるために、修習生同士の交流は、班内だけで手一杯で、ほかの班の人とは話したことがない、という人もいました。

コラム

《小規模庁》修習の密度が濃くなります。特に、大規模庁と大きく違うのは検察修習です。修習生八人に対し、一人の検事が付いて、きめ細かい修習がなされたとの声もあります。また、検察事務官の家に泊まりに行く、などの交流もあったそうです。

さらに、修習生の人数が少ないため、修習生同士、仲良くなれます。カップルも誕生しやすいと言われています。

しかし、それと裏腹に、人間関係が固定して新鮮味に欠け、やがて飽きてくるとの意見もあります。

地元の新聞にも、取り上げられやすく、地元の有名人となった修習生もいます。

特色のある法律事務所が大都市に比べるとないため、事務所訪問で見聞を広げるという点では、やや不満だとの声もあります。しかし、大規模庁で修習したいとまでは思わないというのが、ある小規模庁で修習した人の感想です。

《中規模庁》中規模庁もそれなりに、右のような大規模庁の長所を有しながら、適正規模であるため修習生同士の交流ももてます。

金銭面では都市物価手当が大都市の修習地にはつきます。しかし、小規模庁は物価が安いので、どっちもどっちと言えます。

こうした修習地の規模以外では、関東地方の修習の場合、研修所の寮には入れないという点も考慮すべきでしょう。そのため、神奈川南部から二時間かけて研修所まで通う人もいました。

自分の希望に反した修習地に行ってしまっても、必ずそこの良さがあります。この修習地は希望していなかったけど、来てよかった、という声をよく聞きました。ですから、どんな修習地になっても、偏見を持つことなく、その土地にとけ込むことをおすすめします。

第1部

研修所で何をするの?

1　カリキュラム

修習生の春・夏・秋・冬

昨今の司法制度改革問題では、研修所の法曹教育について、裁判官養成に偏重している、法曹養成としては不十分ではないかという批判がなされている。司法修習生が、いったい何をどう「修習するのか」覗いてみよう。

前期…司法研修所

4月3日ころより…入寮

埼玉県和光市にある司法研修所の寮は、研修所と同じ敷地にあって、収容人数は四七〇人強。コンクリート打ちっ放し・七階建ての建物は、なかなか圧巻である。

玄関ロビーで入寮手続を済ませると、自分の部屋へ移動する。自分の部屋の中には、事前に送ってあった荷物がどかーんとおいてあった。

無味乾燥な生活はしたくない、と思った私は、いろいろなグッズを持ち込んだため、その荷物整理に一苦労。

入寮日は雨で、とっても寒かった。すっかり春気分でやってきたので、防寒着なんて持ってきていないから、部屋のエアコンを暖房にして作業をした。私は、はじめてエアコンのある部屋に住むことになり、エアコンのリモコンをぴこぴこやってうれしかったのを覚えている。

入寮説明会では、クラス分けの紙が配られた。五一期は一二クラス（一クラス約六〇人）。自分の名前、友だちの名前を探すのに結構苦労した。

4月8日…修習開始

この日はじめて教室へ。床は階段状になっていて、教壇からは、どの席も見渡せるのに驚いた。教室の部屋も、寮と同じように、真っ白な壁で、まぶしかった。

開始式で所長の挨拶を聞いた後、教室で組別の懇談会である。

各科目の教官五名の挨拶と、修習生の自己紹介があった。今となっては、自分が何をしゃべったか覚えていない。しかし、社会人経験者から現役合格者まで、さまざまな経歴の持ち主六一人の自己紹介は、多彩な内容で、「社会にはいろんな人がいるもんだ」と圧倒された記憶は今もある。平々凡々な自分がちょっと情けなかった。

午後からは、講堂に修習生全員が集まっての、事務局長講話である。

「五一期は、はじめて丙案が導入された年です。ここにお集まりの方々の中には、本来ならこの場にいらっしゃらない方も含まれておられることになりましょうか」

こんなお話があった。

私は受験回数三回以下で合格しているので、いわゆる「丙案合格」の可能性がある人間の一人である。

「受験生は、誰も、丙案を導入してほしいなんて頼んでないのに。私たちにそんな冗談を言わないでほしいわ」

と思った人は、二〇〇人はいただろう。笑えない冗談だった。

入所パーティー

この日の夜は、「入所パーティー」が行われた。これは、東京近辺に住んでいる修習予定者が集まって作った「入所パーティー実行委員会」が企画しているもの。毎年開かれており、半ば伝統となりつつある。

「入所パーティー」では、同じく関西地区の修習予定者が集まって作る「関西の会」が、劇をするのが恒例となっている。この劇、毎年めちゃめちゃ面白い。よくできた台本、体当たりのネタ。関西と関東の笑いの文化の違いもなかなか興味深い。

こうして、全国から集まった修習生の前期三カ月半が幕を開ける。

４月９日…研修開始

さっそく、研修開始である。

各科目は、①講義、②起案（問題研究）、③起案（問題研究）講評、の三つが研修の柱である。

【民事裁判】

要件事実三昧である。

要件事実とは、ある法律効果の発生・変更・消滅に必要な事実のことをいう。

たとえば、ＸがＹに対し、「おれはＹに金を貸した」と主張して、金を返せと請求する訴訟を起こしたとしよう。すると、裁判所としては、ＸがＹに金を貸したのかどうかを判断しなければならない。では、どんな事実があれば、「金を貸した」と判断していいのか（より厳密に言えば、「消費貸借契約があった」といっていいのか）。それを検討するのが、要件事実論である。

要件事実は、ある事実を原告が立証すべきか被告が立証すべきかという、立証責任の問題等も絡むので、条文から簡単に決められるものでもない。そのため、これを理解して起案できるようになるためには、司法試験で勉強した（しておくべき？）条文・判例の知識に加え、要件事実の考え方の習得、一定の暗記など、多くのことが要求されるのである。

このように、難解かつ負担が大きいせいか、民事裁判は、五科目のうち圧倒的にコマ数が多い。
①講義では、この要件事実の解説をする。②起案では、簡単な事例や、実際の事件を一部手直しした修習資料（表紙が白いので、俗に「白表紙」と呼ぶ）を読み、自力で、要件事実を拾い集めて構成する。

③講評では、起案に現れた問題点を中心に、再度要件事実を確認する。

【刑事裁判】

①講義では、公判での訴訟指揮、証拠の取扱いなど、刑事訴訟法・刑事訴訟規則の理解が主眼。筆者は民事訴訟法選択で、しかも修習前に遊び倒していたので、刑事訴訟法の「け」の字も知らない状態での授業となった。教官の言葉は呪文のごとくであった。

②起案では、主に事実認定を勉強する。「白表紙」を読み、判決を書いてみるのである。起案は、時間が限られているので、「証拠を評価する」「事実を拾う」「文章を組み立てる」、という作業をてきぱきこなさなければならない。こんな作業を今までやったことのある人はいないから、最初はみんな苦労する。

③講評では、起案をふまえたうえで、上記の作業を振り返り、事実認定の方法の教示を受けることになる。

【検察】

①講義では、捜査の方法について、これまた刑事訴訟法・刑事訴訟規則の理解が主眼である。

②起案では、こちらも主に事実認定の勉強。証拠の評価の仕方は、刑事裁判とほぼ同じといえるが、思考方法が異なる。そのため、最初は、刑事裁判と検察の思考方法の区別がなかなかできなくて、苦労するものである。

③講評は、刑事裁判と同じように、起案をもとに、事実認定の仕方を身につけるための講義が行われる。

【民事弁護】

①講義では、証拠の集め方、民事執行・保全など、実践的なことを学ぶ。弁護科目は、教官の独自性が強く、講義の主題は決まっていても、各クラスでさまざまな内容の授業が展開されている。

②起案では、双方の言い分を書いた簡単な資料や「白表紙」を使って、訴状、答弁書、最終準備書面、保全申立書などを作ってみる。

民事裁判と違い、当事者の主張がはっきりしていない段階で、自分が受任したらどんな法律構成を採るか、考えながら作っていかなければならない。柔軟な発想と、豊富な法律知識が要求され、私にとっては最も精神的にきつい科目であった。

③講評は、起案をふまえ、本件ではどんな主張をすべきであったか、その主張をするためにはどのような証拠が必要だったか、を検討した。

【刑事弁護】

①講義では、主に刑事弁護活動に関する刑事訴訟法・刑事訴訟規則の勉強をした。

②起案では、弁論要旨を書く。弁論要旨の起案も、「証拠を評価する」「事実を拾う」「文章を組み立てる」を短時間にしなければならないので、慣れるまでたいへんだ。

③講評は、前記と同様、本件で何を書くべきかの検討である。資料がよくできているからか、弾劾すべき事実・証拠、そのための事実・証拠が無尽蔵に出てくる。講評を聞きながら「そんなこと気がつかなかった」と感心していると、そこをちゃーんと起案に書いている人がクラスにいるのである。優秀な

修習生との「脳構造の違い」を認識させられたのは、刑事弁護の講評の時が最多だった。

【自宅起案と即日起案】

起案には、研修所の教室の中で、決められた時間内に起案を書いて提出する即日起案と、資料等を自宅に持ち帰って、自宅で起案をし、後に提出する自宅起案がある。自宅起案は、「自宅起案日」が設定されており、その日は、登庁しなくてもよいのだ。

「自宅起案日」は、もちろん、「自宅で修習する」というだけであって、「休日」ではない。しかし、昼間に自室にこもって勉強することは、苦痛以外の何ものでもなかった。「自宅起案日」は、修習生同士の交流には欠かせない、貴重な平日であった。

さらに、交流のあとに待っている未処理の起案は、みんなの英知の結集により、作り上げられた。この交流も、修習生生活には欠かせなかった。

【セミナー】

修習生は、五科目の講義以外に、セミナーを履修しなければならない。

セミナーは、通常の講義終了後に行われる。自分の受講したいものを選んで履修する。

前期は、法律の概論のようなものや、外国法、法曹の役割といったテーマが多かった。

さらに、民事訴訟法選択者は、刑訴セミナーを、刑事訴訟法選択者は、民訴セミナーを受講することになっている。民訴選択でかつ刑訴を勉強せず入所した私は、こういうセミナーがあると知ってうれしかった。しかし、そのセミナーを実際に受けた際、教官の言葉が呪文と化したのには変わりなかった。

そりゃ、まったく勉強しなくてわかるはずないわ。

４月17日…ソフトボール大会

びっくりしたが、公式行事として、クラス対抗のソフトボール大会があるのである。

朝、応援席に座っていると、クラス全員の顔写真（注：私たちは、入所前に、入所に関する書類と一緒にたくさんの顔写真を送る。その内の一枚と思われる）をもった教官が現れ、「あれ、写真と顔が違う……」などと言いながら、一人一人の顔と名前を確認していた。何か特別な意味があったのか、それはよくわからない。

何はともあれ、これによって、クラスの親睦が深まったのは事実である。

５月15・16日、22・23日…見学旅行、刑務所見学

刑務所見学は、男性と女性に分かれ、男性は男性刑務所、医療刑務所、少年院へ、女性は女性刑務所、女子少年院へ見学に行く。

見学旅行は、クラス単位で、それぞれ出かける。行き先は毎年決まっているようで、栃木、茨城、静岡あたりのメーカーさんの工場見学をするのである。「法曹たるもの、社会を知れ」、教養を身につける研修所教育の一環である。

私のクラスが行ったのは、某ＯＡ機器メーカーの工場。担当者が「効率化、効率化」と繰り返していたのが印象的であった。

見学はものの数時間で終わり、その後は宿へ。そして、宴会である。

そろそろ、修習も一カ月ほどたち、クラスの雰囲気もこなれてきた感じの中での宴会であった。また、「教官による修習生の人格チェック」もちょっと意識しての宴会となった。

文化鑑賞

「法曹たるもの、文化人であれ」、文化鑑賞も、教養教育の一つである。

我々のときは、文楽、音楽、能楽のうち、希望のもの一つを選択して、それに参加することになっていた。

私は、文楽に参加した。文楽が五時間近くに及ぶ長い出しものであること、夕食をとる休憩が大変短いものであることを知らなかった。のんきにしていたせいで、会場に売っていたおにぎりさえ売り切れてしまい、ひもじい思いもした。

文楽鑑賞も楽ではない、ということを知ることができた。

日付不詳…スポーツ大会

これは、研修所の行事ではなく、五一期修習生全員が会員となっている「修習生の会」という自主団体が主催して行った。

クラス対抗で、テニス、バレーボール、バスケットボール、サッカー、リレーの五種目の勝敗や得点数によって、一位から一二位まで決定されるというものであった。

これは大変盛り上がった。クラスの人々の素性もわかりかけてきたところではあったが、意外な人が活躍したりして、面白かった。

スポーツ大会の後には、キャンプファイヤーもあった。

7月5・6日…いずみ祭

寮祭である。学園祭と同じように、食べ物を作って売ったり、ステージがあったりする。しかし、対外的には公開していないため、食券は修習生同士で売り買いし、ついには食券交換になるなどした。クラスとしては黒字になったが、修習生個人としては大赤字になった。

7月15日…前記修習終了

実務修習期

実務修習は、四カ月ごとに区切られ、民事裁判、刑事裁判、検察、弁護に分かれて修習する。民事裁判・刑事裁判では、裁判期日の立会い、判決の起案、資料集めなどをやる。

世間でも話題になる裁判では、法廷にテレビカメラが入ることがあるが、そのとき、裁判官が真っ黒い法服を着て座っている法壇の横に、長机に座ったスーツの輩がいることがある。あれが司法修習生である。あの場所に座って、裁判所の事件を見せていただいているのである。

刑事裁判の修習中には、家庭裁判所修習が三週間ある。

検察修習は、捜査修習と公判修習とに分かれる。

捜査修習のメーンは取調べ修習。取調べ修習とは、実際の事件の被疑者や参考人を取り調べて、調書を作る修習である。この修習は、法的に問題があるのではないかとの指摘があり、この修習を拒否する修習生もいる（この問題点については、七七頁に譲る）。

公判修習では、証拠の整理や、公判期日の立会いなどを行う。ただ、現在の検察修習は、捜査の修習に重きが置かれていて、公判修習をあまりやっていない修習生も多い。

弁護修習は、各修習地によって異なるが、一人ないし二人の弁護士につく形で行われる。弁護士にくっついて動き、弁護士が実際にやっている仕事の現場を見せていただく。書面書きの勉強をしたり、依頼者の雑談相手になったりと、多彩な仕事をやることになる。

夏季合同研修

修習二年目の夏、全国数カ所に分かれて、各地の修習生が集まり、研修を受ける。これが夏季合同研修（夏季合研）である。

事前に出された問題を解き、あるいは起案をして提出しておき、これらをもとに五科目の講義を受けるのである。

これは、実務修習で気が抜けた修習生に対し、喝を入れるために行われているとかなんとか言われていたが、修習期間短縮により、五三期以降行われていない。

後期

11月25日…後期修習開始

前期と同様、所長の挨拶のあと、組別の懇談会があった。

実務修習の感想を一人一人が言った。みんなたくさんのことを感じ、学んでいた。

大人びた人、雰囲気が変わった人、いろいろであった。

起案三昧の日々

後期は、否が応でも二回試験を前提とした取組みになる。

「二回試験」とは、後期修習が終了したのち、「司法修習生考試委員会」が行う試験の俗称で、司法修習の結果、実務家になる実力がついたか、試される試験である。筆記試験と口述試験とがある。

後期には、前年の二回試験で出された問題をやったり、二回試験をにらんだ講義をしたりするのである。

後期に入ってからは、起案がたくさんあった。それも即日起案。二回試験の筆記試験は、この即日起案の要領で行われるのだ。そのため、修習生にとってみれば、後期の即日起案は、「二回試験（筆記）の模擬試験」感覚で受けることになる。

即日起案は、限られた時間内にたくさんのことを考えてまとめ、構成して書かなければならないので、知力と体力が必要である。それが、一週間に三回もあると、さすがに疲弊してくる。私の場合、実務修習でなまった頭と体にこたえた。

民事交互尋問、刑事模擬裁判

前期にも、民事模擬裁判、刑事共通交互尋問があったが、前期は、裁判官役・弁護士役など役割分担を決めた後、用意された「台本」を読むだけだったので、学芸会をやっているような雰囲気だった。しかし、後期は違う。尋問事項の作成や、証拠の選択など、全部自分たちでやるのだ。

修習生は全員、実務修習中に、各修習地で、刑事模擬裁判を経験している。これも、修習用資料を渡された後、全部自分たちで用意する方法で行った。修習生は、ここでの失敗の経験を持っている。後期の交互尋問・模擬裁判の役がついた人は、「今度こそうまくやってやろう」という意気込みで、これらに取り組むのである。

準備はものすごく大変で、直前一週間は、睡眠もろくにとれない日が続くが、やり遂げたときの感慨はひとしおである。

セミナー

後期のセミナーは、前期に比べて、実践的なものが多かったように思う。

民事では、民事弁護と税務、倒産手続、刑事では、令状の問題や、証拠の検討方法などが取り上げられていた。尋問技術のセミナーもあった。前期に聞いても、経験がなくちんぷんかんぷんだったのが、少しわかるようになったのは、私も実務修習を経験して成長したからか？

全科目共通起案「二一世紀の法曹の責任と役割」

この起案は、後期唯一の自宅起案だった。

このテーマの壮大さに口をあんぐりあけた修習生も数多く、当初は「何を書けばいいのかわからない」などと口々に言い合ったものである。

しかし、裁判のあり方、裁判官のあり方、捜査のあり方、法律事務独占者としての弁護士のあり方、さまざまな問題が取り上げられている現在、この問題は、われわれには避けては通れない問題だった。

一夜明けて、起案の提出日。みんな思い思いの「責任と役割」を書きつづっていた。ここでご紹介できないのが残念である。

後期と二回試験

「二回試験は、これまでの修習の成果を確認するものである。後期は、実務修習中に学んだことをまとめるだけの期間である。後期だからといって、二回試験に向けて、特に勉強することはない。逆に言えば、いまさらやったって遅い」

後期が始まってすぐのころ、ある教官が、講義の途中でこのように言われた。

私は、そのときは、「そうか、いまさらやったって遅いか」と開き直れるほど強くなかった。二回試験は、毎年不合格になる方が数人いるのだが、逆にいえば、おおかたの修習生は合格するのであり、先輩方にも「そんなに心配しなくてよい」といわれはする。しかし、私たちの期は、丙案導入の最初の年であり、「たくさん落とすのではないか」という噂もまことしやかに流れていた。

私は、その場では、落ちてしまっては大変だ、と緊張した。

しかし、その緊張は長くは続かなかったようだ。私は、残された時間を、他の修習生との「交流」に費やしたのだった。

せっかく知り合いになり、お互いに刺激しあえる面白い友人たちと、いろんな話がしたかった。彼らは、私にとって、これからの法曹人生の重要な財産なのだ。

2月18日…こうして、後期は終わった。

コラム　第51期司法修習生「春の集会」

修習二年目に入った平成一〇年四月四日・五日、春爛漫の京都において、私たち第五一期司法修習生による「春の集会」が盛大に開催されました。

「春の集会」の趣旨は、修習の折り返し地点において、実務を見聞して得た経験を互いに交流し、残り半分の修習に活かすことにあります。また、実務修習中、各地方の修習生が一堂に会して旧交を温め合う、唯一の機会でもあります。修習生の自主的な活動として、伝統的に行われてきた企画のようです。

五一期の「春の集会」では、一日目に、「激論・少年法改正」と題したパネルディスカッション、および中坊公平氏の講演「二一世紀の司法」を、さらにその後、大宴会を企画しました。また、二日目には、分科会として、東京・神戸・名古屋・旭川の各修習地がそれぞれ個性ある企画を持ち寄り、並行して、ソフトボール大会・バスケットボール大会が開かれました。

全国各地から総勢三六二名もの修習生が参加し、「春の集会」史上、最大の規模となりました。

開催にあたっては、前期中にスタッフを募り、実質的には半年くらい前から、開催地に近い大阪のスタッフを中心に準備を進めていきました。最初は全く手探りの状態でしたが、会場を確保し、企画内容を煮詰め、さらに各地方の修習生に参加を呼びかけていくうちに、だんだんと「春の集会」の全体像が見えてくるようになりました。その過程は、就職活動時期と重なったこともあり、大変ではありましたが、なかなか他では得難い、楽しい作業でもありました。今思い返してみても、三〇名近くのスタッフがうまく役割分担し、かつチームワークよく働いた結果が、そのまま当日の大成功につながったといえます。

今後、修習期間の短縮に伴って、「春の集会」の開催が困難になるのではないか、ということを考え合わせても、つくづく貴重な体験をさせてもらったと思います

2 司法修習生

こんな人もいます、あんな人もいます

全国から、七〇〇人以上の人間が集まればいろんな人がいるもの。大学在学中にさっと合格した人から、苦節うん年の人まで。その多くは、定職に就くことなく、「学生」から、即、修習生になっています。しかし、社会人から「修習生」になった人たちもいます。転職組からみた、司法修習、法曹界の特徴、転身の動機について紹介します。

転職組①…お役人からの転身

私は、もと中央省庁の出身であり、約六年間ほど宮仕えしました。その後、司法試験を目指しました。司法修習生の大半が大学在学中以前に、法曹を目指し、卒業するや否や、大学生の身分から司法修習生の身分に切り替わりますから、私はいったん社会に出て、別の職業を経由してきたという点で、イレギュラーな経路をたどったということになりましょう。

そもそも転機の契機は

思えば、六年前、齢三〇にして一念発起、時、まさに、お役人のおきまりのコースで地方公共団体への出向の適齢期でした。ここで転身を図るか、それともこのままこの役所に骨を埋めるか。カッコつけて、子、三〇にして而立するなどと吹聴し、桜の花の咲くころ、役所を背にして新たな一歩を踏み出したものでした。そもそも転機の契機は、夫婦互いに遠隔地で仕事を持ち、しばらくの別居に疲労したこと、また、これと相まって作文に明け暮れ、文章表現に神経を擦り減らす毎日の仕事に倦み果ててきたことから、二人が同居でき、同時にサブスタンスのある仕事はほかにないかなーと思い、そのときひらめいたのが弁護士でした。これまであたためてきた希望を実現しようというより、職業として、組織の代替的な歯車に甘んじなくても済み、疎外感の少なそうな、人と人の生の触れ合いがあり、そこから生の喜怒哀楽を体験できそうな、それでいて、私生活が仕事の犠牲にされない職業はないだろうか、おそらくこれが叶えられうるのは弁護士だろうと思ったのです。

かくて、晴れて司法研修所に入所すると、一クラス六〇名強でしたが、丙案元年ということも手伝ってか、私のクラスは卒二相当の修習生がメジャーグループでした。ただ、案外、三〇過ぎのシニアグループも多く、一〇数名いました。そのうちの大半が転職組です。前期修習では、教官から、恒例の高齢者の会としてＪＪの会（おそらく、Jiji の Jurisprudence という趣旨だったのか？）の招集をすすめられ、叱咤激励されたものでした。

〝より早く、より多く、より正確に！〟

さて、前置きはこのあたりで済ませ、ちょっとばかり毛並みの違う者から見て、この二年間を振り返っての体験・感想を開陳したいと思います。司法修習生が具体的にどのような内容の研修を受けるかについては、他の章に譲るとして、弁護、検察、民事・刑事裁判修習、前期後期研修所での修習を経て、体験したこと、司法修習から得たこと、司法修習で感じたことのエッセンスは以下のようなものです。

まず、事実認定こそ命で、その証拠からどのような事実が認定できるかを学ぶことが終始修習の中心にあったと思います。すなわち、民事なら証拠から認められた事実から原告の請求が認められるか、刑事なら証拠から認められた事実から犯罪が成立するか。そして、この間の推論の過程に経験則・論理法則に照らして無理がないか。修習生は、入所以来最後の二回試験に至るまで、実際にあった事件を参考に作成されたケース（いわゆる〝白表紙〟）を、かてて加えて、朝、教室に着くなり受け取り、その課題等に、弁護士の弁論なり、検察官の起訴状なり、裁判官の判決なりを夕方までに仕上げなければなりません。その間、教室に缶詰の状態です。また、司法試験では、すでに確定している事実（事実認定済み）に法律を当てはめるという作業、すなわち専ら法律の解釈・適用の能力のみが求められたため、事実認定の手法については、試験に合格したとはいえ、まったくの素人であり、基礎的研究を主眼とする大学の授業では学習するはずもなく、全員が同じスタートラインに着きました。もっとも、幸か不幸か、事実認定のセンスの個人差は少なからず見受けられましたが、推理小説やサスペンスドラマなどが好きな人は、自然に身につけてきたものかもしれません。

そして、先の白表紙起案のルールに見られるように、限られた時間内に、その枠内でできるベストな書面を作ることが、要請されています。仮に、制限時間を超過して、提出したなら、表紙に赤色の時間外提出の烙印が押されるのです。そして、各教官から異口同音に繰り返し言われた言葉は、とにかく書面を完成させることでした。時に、教官から、「実務に出て、『時間がなかったから書けなかった』と言っているようでは無能だというレッテルを貼られるから、気をつけなさい」とも言われました。このように、オリンピックのスローガンのパロディーではありませんが、書面作成にあたっては〝より早く、より多く、より正確に！〟が求められています。

また、手続的正義が実体的正義を生むことも、刑事・民事訴訟法の実践に関する微に入り細を穿った解釈を通じて、学んだと思います。たしかに、視点を変えれば、特権的専門集団によるスコラ学とも時により見えないではありませんが、甲さんに判決を言い渡したときと乙さんに判決を言い渡したときとで、同じ条件なのに、その証拠の申し出から証拠調べまでの手続が異なっていれば、最終的結論が異なりうるのです。そう考えると、理論的に詰めておくことは、まんざら無駄なことではないのです。これほど条文が細かいのに、まだまだ解釈により埋めなければならない部分が多いことには驚きました。司法試験では、それほど手続法のウエートがなかったのに、司法修習では、我然そのウエートが高まります。

動機づけの萌芽と緊張

最後に、特筆すべきは、司法修習制度の屋台骨は法曹三者のマイスター集団から成り立っているということです。この二年間を経過してしまえば、各修習生は、弁護士、検察官、裁判官それぞれのプロとして再訓練されていくわけですが、未だ方向性の決まっていない、いわばヒヨコの修習生に対し、弁護士会・検察庁・裁判所の各指導担当は、もちろん各自の本務（業）としての仕事がありながら、ボランティアとして、何日も修習生の指導につき合うのです。各セクターが自分が先輩から受け継いだワザを後輩に引き継ぐというういわばマイスター集団の巧みと温かさがありました。また、年間を通じて、少なくとも司法修習生はいずれかのセクターにおり、彼らの多くは、幸いなことに未だ汚れた社会の洗礼を受けず、法の理念（Solen）のみを学んだが故に純粋であり、また現状に批判的でもありうるのです。しかも司法修習生の構成員は毎年総入れ替え制で新陳代謝を繰り返します。それ故、業界全体として風通しがよく、いわば自立的監査が成り立っているものと思います。行政官庁の汚職が枚挙に暇がない一方で、法曹という業界にこれが少ないのはこのような仕組みを考えると偶然ではないように思います。

このような二年間の司法修習を通じて、知られざる連綿と続くマイスター集団の営みに助けられ、彼らが処置する社会の陰の部分をまざまざと見せつけられるのです。普通に生活していては何年かかっても知りえないことをこの二年間で直接体験するのです。さまざまな体験を通じ、長期にわたって先達の専門的指導を受けられるという意味で、司法修習生ははなはだ恵まれているものと思います。もともと動機づけは確固たるものではなかった私ですが、実際、人生を左右する刑事・民事の事件に巻き込まれ真剣に活路を求める当事者を眼前にし、動機づけの萌芽と緊張を感じました。

転職組②…一〇年後の私

一〇年後は四六歳

民事裁判の最終講義であった。

教官（裁判官）が、「一〇年後の自分がどうなっているか想像して、その自分に何か一声かけてください」というお題を出した。一種のタイムカプセルだそうで、一人一人の回答をメモしておいて、一〇年後のクラス会で披露するという。

若くない修習生にとっては、正直言ってイヤな趣向である。

若い修習生が、「結婚して、子どもがいて、仕事が忙しくて」といった展望を語るほどに、私は気まずくなってきた。すでに彼らの一〇年後の年齢を超え、かつ彼らの語る一〇年後の姿とは人違いの自分が何を話せばいいのか見当がつかなかった。たぶん一〇年後も代わり映えせずに生きているだろうぐらいのことしか思いつかない。

困って、次のようなことを答えた。

「一〇年後というと、私はもう四六歳ですから、きっと更年期障害とかで大変だと思いますので、ボチボチ頑張れよといってやりたいです」

パラパラとそれなりに笑ってくれる温かい人もいて、これで済んだとほっとしたのも束の間。教官が、私を見て、「もっとほかにないの」と言った。その目は、笑ってはいなかった。

私は、このとき、しどろもどろ言い訳をしながらも、こんな居心地の悪さもこれでおしまいだと思うとつくづくうれしかったのである。

私は三〇歳で、七年間続けた仕事を辞め、受験生活に入った。勉強するしない以前に、毎晩飲んでいたビールをやめるのに一年かかった。

三回目の受験で合格し、三四歳で修習生となった。六一人のクラスで、年齢的には上から五番目。大学を出てそのまま修習生になった二〇代の若者が八割以上を占める。私の前の席に座る修習生が、一回り年下の寅年であると聞いて、私もおばさんになったもんだなあとしみじみした。もっとも、クラスメートはいい人たちで、いっしょに過ごせて勉強になったし、ことのほか楽しかった。

「ジジババの会」

修習生活における居心地の悪さは、若い修習生に対するものではなかった。もちろん、コンパのノリにはついていけない等の違和感はあるが、それはあたりまえで別にたいしたことではない。

居心地の悪さの正体は、研修所は任官しうるような年齢の若い修習生しか対象にしていないのだという暗黙の気配にあった。

研修所から離れて実務修習に入ると、ほっと一息ついた。私は東京で実務修習をしたのだが、東京地裁では民事・刑事とも人間的魅力ある裁判官から教えを受け、研修所で漠然と抱くに至った裁判官に対するイメージはずいぶん変わった。

また、東京配属の修習生の中には、同輩や先輩がけっこういた。配属にあたって、東京に家族がいる等の事情が考慮されるせいと思われる。東京では三つの班に分かれて実務修習が行われるが、そのうち私が所属する東京三班では、三五歳の同級生が四人いたことから、「オーバー三五の会」という会を結成した。名前のまんま三五歳以上の修習生の集まりである。陰では「ジジババの会」と呼ばれていた。

いわゆる大人の会であるから、いつも修習生コンパで行く安い居酒屋は避け、築地の魚料理店で鯛や平目をつつきながら高級ワインを味わった。

集まったのは総勢一一人、東京三班が全体で四八人だから、ジジババ率は二割を優に超えるということになる。「なんだ、東京では、実は一大勢力じゃないか」といつになく盛り上がる。

銀行員、医者、ガードマン、役人、会社員など元の職業はいろいろである。酒を飲むうち、ほとんどの人が、場違いなところに紛れ込んだような居心地の悪さを修習生活で感じていること、世間では必ずしも評判の良くない修習期間の短縮に賛成であることが判明した。法曹には社会経験や人生経験がある人が必要だといわれるが、それは実務に就いてからの話であって、こと研修所においては意味がない。

さて、「一〇年後の自分」の話に戻ると、私が当の教官に対して希望するのは、若くない修習生の存在も念頭に置いてほしいということではない。できれば、「更年期障害」を黙って見逃してほしかったというそのことである。

転職組③…主婦出身

司法試験を受けようと至るまで

司法試験を受けようと思った動機を考えてみても、たいしたものはなかったように思います。法学部を出たわけでもないし、法律の授業に感銘を受けたわけでもありません（実際、法律の講義は一度も受けたことがないのです）。

こんな私が司法試験を目指すようになったのはやはり何かをしたいというハングリー精神と、弁護士の仕事がなんだかとてもおもしろそうに見えたからだと思います。

私はどちらかといえば理系の学部を卒業し、その後は会社勤めをしていましたので司法試験についてはその存在すら知りませんでした。結婚し、夫について一緒に海外に住むため会社を退職し、帰国後は専業主婦として家事、育児の毎日でした。

それでも、社会にかかわっていきたいという気持ちは強く、なにがしたいのか、なにが自分にできるのだろうかと悩む時代がずいぶん長く続きました。いろいろ試行錯誤していたときにふと見かけた本で司法試験の存在を知り、難しい試験であることも知らずに一人で勉強をはじめました。主婦になってしまうと普通は勉強とは縁が薄くなるものですが、大学卒業後ずいぶん経ってから知らない分野の勉強をすることは、私にとって新鮮であり、また幸せなことでした。ただはじめて買った我妻『民法案内』の一冊が理解できず苦労したことを覚えています。

勉強はたしかに苦しいのですが、膨大な時間をかけ勉強できるなんて、なんて贅沢なことをしているのだろうと思っていました。強制された勉強でなかったことが継続できた理由だと思っています。家事をしながら勉強時間を作るため家のなかをばたばた走り回っていましたが、自分の世界があることに幸せを感じていましたし、それがまた家族との生活も豊かにしたと思っています。

また、受験時代にはかけがえのない友人を得ることもできましたし、今でもそれは私の宝と思っています。

研修所での生活

さて研修所に入所してみるとまるで高校時代のような修習生活が待っていました。研修所の敷地内にある寮に入ったこともあり（もっとも地方の人は全員入所しますが）、教室と寮を往復するだけのまったく生活感の欠如した毎日が続きました。最初はなじめず結構辛いものでした。

ただ若い人たちと同級生として机を並べて勉強するというのは不思議な感じがしました。若くて個性的な修習生のエネルギーが溢れていて一緒に青春時代をすごしているような気持ちにさせてくれました。家庭の主婦でいたら手に入ることはなかった貴重な体験でした。

修習生よりも教官の方に年齢が近いというのは私にとってちょっと怖いものがありますが、同じような年代という気安さがあり、ほっとする一面もありました。もっともこちらは修習生であり、かつ評価される立場ですのでその面での居心地の悪さは否定できませんが、それもそのうち気にならなくなりました。

研修所のスケジュールは見事なほど完璧で隙がありません。真面目に取り組めばきっとしんどいものでしょう。またすごく管理され、世話をされているなという感じが強く、社会生活に馴染んだ人にとってはかなり窮屈な環境である面は否定できないと思います。

また、勉強させてもらい給料を頂けるということでいい身分ではありますが、いったん会社で働いていた方など生活責任を負っていらっしゃる方にとってはかなり経済的にも大変だろうと思います。それに研修所自体は若年かつ独身の人を想定しているように思われ、既婚者、子供のいる人にとっては結構苦しいところがあります。小さな子供と離れて寮生活をし、週末には子供に会いに帰省するという忙しい生活をしている方もおられます。いろんな人に門戸を開く以上はさまざまな立場の人が大きな犠牲を払わなくても研修が可能となる環境になって欲しいと思います。この点、海外の大学のキャンパスには夫婦寮、託児所などが違和感なく存在していたことが思い出されます。

修習も時間が経過してくるにつれて、クラスを超えて知り合いができ、楽しい仲間ができていきます。また実務修習期間では一年四カ月もの長い間少人数のメンバーで修習をするので、家族みたいな親しい関係ができたりもします。また修習を通じ多くの人と出会う機会があります。寝る時間も惜しんで人づき合いにエネルギーを燃やす人もいて、そのタフさに驚かされることもありました。

将来のこと

今修習が終わりに近づきどんな仕事をしたいのか、なにができるのか現実的な問題になってきていま す。私のように結構長い人生を歩んできた人間にはそれなりの体験があり、いろんな人を理解できるかもしれないという長所もあるでしょうが、またその反面、一定の制約もあるように思います。本当にやりがいのある仕事ができるのか、そのためには残された時間が少ないのではないか、ということが実感としてわかってくるからです。

ただこれは贅沢な悩みでしょう。与えられた時間のなかで、前向きにできるだけ精一杯のびのびと仕事ができればそれでいいのでしょう。

主婦の立場は勉強するにはとても恵まれたもので、子育てを楽しみながらも、自己実現をはかる準備は可能だと思います。工夫次第で多くの時間を自由に使うことができる恵まれた期間であり、子供がある程度大きくなった段階でなにかをしようと思う人にとってはそのための基礎づくりができる時期だと思います。子育てが終わったからと急に生き甲斐を求めても簡単に手に入れることは難しく、一定の助走期間が必要でしょう。

結局は自分が何をどれだけ求めるか、意欲の問題なのでしょう。勉強することにだれの許可が必要なわけではないのですから。いったん家庭に入り、子育てをしてから再び社会で仕事ができることの喜びは若い時とはまた違ったものであり、より深く大きいものであることは間違いないように思います。

第2部

実務修習の体験

1　民事弁護修習①

事実の重みを忘れた法律論は空虚である

司法試験では、事実がどうであるかは問題文中で確定している。しかし、実務修習では、そうはいかない。生の事件がそこにある。修習生が、事実上、任されてしまった交通事故の証人尋問。はたして、その行方は？

先生との出会い

私の修習した弁護士事務所は、弁護士が一人、事務員が二人（うち一人は弁護士の奥さん）の個人事務所であった。その井口（仮名）先生は県内では最もぶっきらぼうで、思いやりがなく、口が悪いと評判の弁護士だった。

修習開始に先立って各修習生の修習先が発表された後で、修習委員長が私に近寄って来、「何かあったら、すぐに私のところに相談に来なさい」と耳打ちされたときには、私はかなり不安になった。しかし、幸いにも私は井口先生と問題なく過ごし、他の弁護士は私の修習を「奇跡の修習」と称したのだった。

司法試験と実際との違い

司法試験では、事実がどうであるかということは問題中で確定している。「Aは自動車を走行させていたところ、よそ見をしていたので前方のB車に気づくのが遅れたためブレーキをかけるのが遅れ、Aの自動車がBの自動車に追突した。Bの車は破損して二〇日間使用不能になり、車の修理費は一〇〇万円、修理の間のレンタカー代金は二〇万円だった。Bはどのような請求ができるか」という問題であれば、司法試験では簡単な部類であろう。

しかし、実際の裁判では、このような事実の認定のほうが問題となる。実際によそ見をしていたのかどうかについては、本人にしかわからなかったりする。もちろん客観的事実から推認することはできるし、また、そうするしか手段はないのであるが、当事者間で水かけ論的に争うことは大変である。

一方、客観的に認定できる事実として、損害額がある。しかし、これも一筋縄ではいかない。民事裁判実務において、車の損害は車の時価と修理代金とを比較して、低い方しか賠償が認められない。車の時価が安ければ、修理するより同等の中古を買いなさい、ということである。よって、車の修理費が一〇〇万円かかったからといっても、それがそのまま損害額になるわけではない。

また、過失相殺という問題がある。相手方Bにも事故の原因となる過失があれば、損害額が割り引かれる。BがA車の前に急に割り込んできた、という事情があれば、たとえば五割減額されたりする。

修習中の事件

私が修習中に来た事件は、先の問題とほぼ同じである。国道を走っていたAは、左の駐車場から出てきたB車の後部に衝突した。

Bは国道に出てから五秒くらいで追突されたとする。一方Aは、よそ見をしていたのではなく、Bが突然駐車場から自車の前に出てきたので、急ブレーキをかけたが間に合わず、追突してしまったと言っていた。井口先生に相談に来たのはAであり、Bに訴えられて、困っていた。

一般に追突は、追突した側が一〇〇％悪いとされており、先に述べた過失相殺はない。だから、事実がBの言い分どおりなら、AはBの損害を全額賠償しなくてはならない。しかし、Aの言うとおりなら、Bが突然国道に出てきたことになんらかの過失が認められ、ある程度過失相殺がされるだろう。逆にBの側に進路妨害という過失が認められるかもしれない。

ただ、Aの言うことが嘘である可能性もある。法曹としては依頼者が望んだとしても、真実をまげる手助けをしてはならないから、慎重に検討せねばならない。故意に嘘を言っている場合は事件を受任しないし、思い違いをしているようであれば、疑問が晴れるまで依頼者に質問をするのが井口先生の方針であった。

井口先生と私は、Ａから事情を聞き、質問をし、証拠を検討した結果、Ａの言い分は確かだろうという心証をもった。

なお、井口先生は、修習生である私に対して何も隠さなかったし、必ず意見を求めた。また、私のことを「上田くん」ではなく、「上田さん」と呼んだ。実はよい先生だったのか？

民事法廷でのこと

訴訟では、事故の態様（具体的にはＡの前方不注意、Ｂの右方不注意及び進路妨害の有無など）が問題となった。

訴訟は、訴えを起こす側が原告となり、裁判所に判断を求める訴状を提出し、請求（本件では損害賠償請求）の基礎となる事実（Ａの過失行為、Ｂの損害等）を主張する。

これに対し、Ａは、Ｂの主張どおりに認める事実（過失はともかくＡがＢに衝突したこと自体は認める）と争う事実（Ａの過失行為）を分け、さらにこちらの主張（過失相殺・Ｂの過失行為）も加える。

さらに、お互いに争いのある事実について、自己に有利な証拠を提出する。Ｂの側は、通報を受けた警察官が事故現場を調査した結果を記した調書（実況見分調書という）などを、Ａの側は事故現場の見通しなどを示す写真などを提出した。他にＢの車の損害額などが争われたが、ここでは省略する。

本件では、ようするにBがどのように国道に出てきたのかが問題なのであるが、実はそれを証明する証拠はほとんどない。当事者以外の事故の目撃者がなく、事故後の記録では衝突位置の程度しかわからないからである。

結局AとBがそれぞれ主張する事実のうちで信用できる方を事実と認めるしかないのである。そこで、裁判の勝負は終盤の当事者尋問で決することになった。

当事者尋問の期日の一週間前

当事者尋問の期日の一週間ほど前、井口先生は私を呼び、

「今度のBさんの尋問だけど、上田さんに任せるから尋問事項表をまとめておいてね。楽しみだね」

と言い、昼食に行ってしまった。

実は、今回の相手方代理人である根本先生は、井口先生と同期で浅からぬ因縁があり（ようするに仲が悪い）、法廷でもけんか腰だった。どうもやりにくい。

しかし、Aさんにとって井口と根本の仲が悪いとかは、関係ないことである。ここは、Aさんのために事実を裁判所に伝えねばならない。私は、さっそく先生の記録棚から記録を取りだして、もう一度丁寧に読んでいった。

すると食事から帰ってきた井口先生が、

「ずいぶん熱心だね。祝勝会の予約をしとこう。えーと、寿司屋の電話番号は………」などと私をからかった。井口先生の事件なんだけどな。

相手方Ｂの今までの主張は、「駐車場から国道へ左方向に出たが、曲がりきれず、そのまま進むと対向車線にはみ出して対向車と衝突してしまいそうだったので、その場で停止した。五秒くらいしてから、後部にＡが衝突した」というものだった。

Ａの主張と最も食い違うのは、「五秒くらいして」という点である。五秒も国道上に止まっていたことが事実であれば、Ａは「追突」したのであろうと推認されてしまう。また、前方に止まっているＢ車に気づかなかったのであれば、その原因も前方不注意と認定されてしまうだろう。このＢの主張を覆し、Ｂが飛び出してきたという事実を認めさせるにはどうすればよいか。難しい。

後述するが、Ｂの主張には不自然なところがあり、自分に過失がないと装っているように思えた。そこで、Ｂは右方を全然確認せずに国道に進入したという観点から、Ｂの主張の矛盾点をつき、Ｂの主張の信用性を失わせ、Ｂが単に自分の都合の良いように事実を曲げて主張していると裁判官に判断させるしかない、と考えた。井口先生の了解もとり、その線で尋問事項表（必要な質問と想定される答えの一覧）を作成した。

反対尋問の方針

当日、原告であるBを根本先生が尋問し（主尋問）、Bが今までのBの主張に沿った供述をした。次に井口先生がBを尋問し（反対尋問）、その主張に矛盾点がないかチェックしていった。ここで、Bが曖昧な供述や矛盾する供述をすると、記憶が不正確か、あるいは嘘をついていることになり（信用性がない）、事実を証明する証拠として不十分となる。

井口先生　あなたは、国道に出るときに右を確認しましたか。
B　もちろん。
井　こちらに向かってくる車はありましたか。
B　なかったね。だから、国道に出たんだよね。
井　国道に進入してから、すぐに停車したんですね。
B　そう。対向車にぶつからないようにね。そして五秒くらいして追突されたんだ。
井　すると右を確認してから、長くて六〜七秒して追突されたということになりますか。
B　そうね。

ここまでは、核心をつくまでの準備である。私と井口先生は、しめた、というふうに目で合図した。

井　私は、この現場に行ったことがあって、右方から来る車が見えてから、衝突場所まで来るのに何秒かかるか、数えたことがあるんだけどね。最低でも一三秒はかかるんですよ。二〇〇メートルは見通しがあって、車が時速六〇キロで走っていたとしても秒速にすると一五メートル強なんでね。わかります？

B　……？

井　あなた、さっき右に車がなかったと言ってましたね。それで六～七秒して追突されたと。そうすると、被告（Aのこと）は時速一二〇キロくらいで走ってこないと、あなたに追突できないんですよ。一二〇キロで走ってるわけないですよね。

B　……まあね。

井　じゃあ、被告の車はどこから来たんでしょうね。空から降ってきたんですか。

B　……。

井　あなた、ほんとに右を確認したんですか。

B　したよ。車はなかった。

井　ろくに確認もしないで、国道に出たんではないですか。

B　……。

「空から…」は井口先生のアドリブである（よく言うものだ）が、予想以上にBが動揺し、以後はろくに証言できなくなってしまった。反対尋問としては、成功の部類に入るだろう。もちろん、Bが右方を確認しなかったことまでが十分に証明されたわけではないが、Bの供述の信用性がなくなり、右方を確認したということも疑わしくなったことは間違いない。

最終準備書面と判決

その後、尋問の結果を踏まえて、私が最終準備書面を起案した。こちら側の主張、相手の主張に対する反論をまとめる重要な書面であり、これを任せられたのはうれしかった。

気になる判決であるが、Aに前方不注意が認められてしまったものの、Bにも右方を十分に確認せず国道に急に進入した点に過失があるとして、過失相殺を五割認めるものだった。ようするに喧嘩両成敗という結果であるが、追突のままの認定だと全部Aが負担せねばならなかったのであるから、十分といえる結果だった。

Bが自己の主張に固執するタイプだったから、そこにつけこみ、反対尋問を成功させることができたのであって、相手方の根本先生にとっては思いどおりにいかず、やりにくい事件だったに違いない。ようするに私と井口先生はラッキーだったのである。しかし、判決を聞いたときの井口先生の喜びようは尋常ではなかった。

「上田さん、見た？　あの根本とＢの顔。へっへっへっ」

井口先生と私は、いきつけの寿司屋で「勝利の美酒」を飲み、さらには、私の最終準備書面が良かったのか、井口先生の質問が良かったのかで手柄争いを始めた。いま思えば、本当にお気楽な二人であった。

アドバイス

井口先生とは、妙にウマがあい（私が先生の悪性格を受容できたからであろう）、「修習が終わったら事務所に来ないか」と誘われた。私は、かなり迷ったが、どうやら井口先生は私に仕事を全部任せて、オーストラリアに三年ほど遊びにいこうと目論んでいることが発覚し、お誘いを丁重にお断りした。

実は、井口先生は、県知事の不正支出について情報公開請求をしたり、先物取引に関する消費者被害に取り組んだりと、弁護士として積極的に社会問題に関わっていた。私は井口先生のその生き様に好意を持ったのであるが、民事弁護修習の一般的な話から少々はずれるのでここでは割愛した。

「上田さん。君、頭はいいんだけど、どうも正解を求めようとして、勝ち負けの見通しを早くつけすぎるね。特に判例ばかりを絶対と考えている。でも、時には判例を変えてやるつもりでする訴訟もある。今ある判例も、弁護士が法廷で粘りに粘って引き出したものだ。いいかい、この事件を勝たせないで社会正義をどうやってはかるんだ、という法曹としての良識をかけて、事実の重みを裁判官にぶつけること。これを忘れた法律論は空虚でもあるよ。気をつけなさい」

気をつけます。

断っておくが、以上の話は、事実をもとに構成し直したフィクションである。井口先生の性格については、事実である。

修習が終わったら挨拶に伺おうと思っており、今から楽しみである。

司法修習と教育の違い

私は、司法修習の内容について意見を述べる知識を有しないが、高校教師経験者として司法修習を通じて、司法修習が教育と異なる点について思うところがあり、これをここで取り上げてみたい。

『司法修習生指導要綱』によれば、「司法修習は、学識の深さ及びその実務への応用を図るとともに、一般教養を重視し、法曹となるにふさわしい品格と能力を備え、その社会的使命を自覚させるように指導する」ものとされている。司法修習にあたり、これを読んで身が引き締まる思いを感じたものである。

●修習の眼目は法律実務の習得で

実際の修習は、起案の仕方、用語、要件事実論、実務の運用など技能に力点のおかれた内容であり、これらは修習の眼目であって非常に大切なことと感じた。もっとも、もちろん自分についてこれが十分であったと言えるものではないが、さらに人間の生き方、社会のあり方一般に対する未来志向的な関心を満たすのは難しいものである。

そもそも人間の本質の探究と人間の形成を扱うものとしての教育の活動は、その目的を人間形成それ自体に置くものである。外見上教育と見られる活動であって、それが営業のノウハウの習得のためであれば、それは経済活動であるなど、研修が行われる場合において一般に教育と呼ばれるとしても、教育活動ではありえない。学校は教育の場であるが、

コラム

教育活動が人間の形成それ自体から外れ、他の目的に従属させられる場合に学校の教育力の回復が問題となる。そうであれば、あくまで法律実務の習得が中心に置かれた司法修習は教育それ自体ではありえないし、先に述べたように修習の眼目は法律実務の習得であり、これに十分取り組むことが理想なのであろう。

●人間の生き方に関心を寄せる

しかし、人間は法律に基づく発想だけで行動しているわけではなく、また常に必ず法律によって公平な結論が出ると限ったものではない。法律のよって立つ人間像は人間の生き方のごく一部にすぎない。それでいて法律は人間の活動の非常に広い領域にわたって関係を持ってくる。人間は決して合理的に思考し行動するのではなく、人間の奥深さはむしろその非合理性にあり、いかに非合理的な行動をしていたとしても人間としての価値に変わりはない。この場合において、人間の生き方それ自体に関心を寄せることは結構重要なことではないか。

誰もが人間としての生き方を求めて、生涯にわたる自己教育が絶えることはない。そうであれば、考えていた以上に、人間についての探究のための自己教育が、法律実務の習得と並んで大切なのではないかと思われた。家事事件、少年事件、刑事事件などあらゆる事件の基盤としての人間存在に対する関心を呼び起こすことが大切だと感じた。

2　民事弁護修習②

民事事件は奥が深い―サラ金法律相談にて―

「ナニワ金融道」ばりの出来事を体験した。受験生時代、債務は個々人に帰属するものであって家族に帰属するものではないという民法上の大原則を当然と思っていた。しかし、実際には身内がこしらえた借金は、ほとんどの場合身内が尻拭いする。

カードで七〇〇万

「先生、こいつ、わしらに黙って、金借りてましてん。七〇〇万ですわ。これで二回目ですわ」

弁護修習中、若手の弁護士の先生にサラ金法律相談に連れていってもらったときのこと。

五〇歳過ぎのおっちゃんが、私と先生の前におばちゃんを座らせるなり、吐き捨てるように言った。

おばちゃんは完全に開き直って、口をへの字に曲げ、ふてくされていた。

「どうなさいましたか」

私の隣に座った先生がおばちゃんに向かって問いかけた。

おばちゃん、黙して語らず――。

う、うーん、なかなか手強そう。

代わりにおばちゃんの横に座った二〇代後半の娘が答える。

「カードで買い物ですわ。お母ちゃん、こっそりこんなに買い物してましてん」

娘は、持ってきたバックのなかから封筒を取り出し、その中身をザラリと机の上にあけた。

うっわー、出るわ出るわ、神経衰弱のトランプみたいに机の上にカードが広がる。これは壮観としか言いようがない。

先生の横からカードをのぞき込むと、セントラルファイナンス、日本信販、などの大手の会社はもちろん、聞いたこともない会社のカードがたくさんある。

先生はそのうちの何枚かを、取り出すと、

「これとこれはキツイ会社のやつやね」

と、さらりと言ってのけた。それから再びおばちゃんの方に問いかける。

「これだけのカード、何に使ったの？」

「生活費」

おばちゃんの答えをきいて、おっちゃんが目をむく。

「……と服」

「お母ちゃん、それだけやないやろ」

たまりかねて娘が口を挟む。

「……家具とかいろいろ」

先生の手元には相談者が事前に書いた申告事項の表があり、債務額の欄を覗くと、七〇〇万円以上の額が書いてあった。どうやったら買い物で七〇〇万円もの借金を作れるんだろう？

「ご主人、このうちどのくらい返せますか。奥さん名義の貯金とかありますか。持ち家とか車はどうです？」

先生の問いかけに、おっちゃんは、

「どないもこないも、こいつの金なんて、すべて使ってしもてますわ。わしかてわしの金で返せる範囲でならなんとかしますけど、こんな大金ないし……。わしの金で、まとまったもん言うたら……生命保険で、一〇〇万ほど払ってますやろか……」

と答えた。先生はおっちゃんの答えを受けて、

「そうやねぇ。生命保険を解約すれば一〇〇万ぐらいにはなるんやね」

と言うと、急におっちゃんの顔色が変わった。

「お前、まさか、わしの生命保険、勝手に解約しとらんやろな！」

おばちゃんはプイと顔を背けてぼそり。

「解約しとらん」

おっちゃんも娘もホッと肩の力を抜く。

が、おばちゃんの追い打ちの一言が続く。

「でも、それ担保にお金借りた」

ひー。

この後、おっちゃんはおばちゃんにつかみかからんばかりで、先生が慌ててなだめに入った。

事件の背後にあるもの

この「ナニワ金融道」ばりの出来事は私が実際に体験したもので、実際よくあるケースだ。

このおばちゃんは浪費癖があるらしく、三、四年前にも家族に内緒で買い物をしまくって借金をこしらえ、その時は親戚中からお金を借りて返済したということだった。

今回も、おばちゃんの借金の使途は指輪、ネックレス、下着（何十万もする矯正下着セット）等々、およそ生活費からかけ離れたモノばかり。

この相談を聞いていて思わず、「浪費者の準禁治産宣告」の文字がちらついた。

しかし、無計画にお金を借りたおばちゃんも悪いが、お金の貸し手側の問題も大きい。ニコニコ貸してガツガツ取り立てるのは金融業界の常識なんだろうが、それにしても、フツーの一主婦に七〇〇万円も金を貸しても弁済能力がないのは明らかだ。

また、受験生時代、債務は個々人に帰属するものであって家族に帰属するものではないという民法上の大原則を当然と思っていた。しかし、実際には身内がこしらえた借金は、ほとんどの場合身内が尻拭いする。

法律論的には、特に問題のないケースだが、頭でっかちの修習生には、現実の事件を目前にして、いろいろな思いが去来した。

実際、実務でたくさんの民事事件を見て、受験時代に勉強したケースのように複雑なややこしい法律論を展開するような事件には、ほとんど出くわさなかった。しかし、実際の事件は法律解釈以外の問題の方が複雑に絡み合っていて、事件の背後にある問題の方が解決が難しかったりする。

民事事件は奥が深いのである。

なお、このおばちゃんのケースは、サラ金の取立が厳しかったこと（ひっきりなしに催促電話が鳴っていたという話）、家族が準備できるお金がほとんどなかったことから、弁護士が間に入って、破産宣告の申立てをした。

コラム　修習生失敗談特集

●『酒は災いの元パート1』

検察修習において、必ず誰もが経験する特別な修習に飲酒検知修習があります。

飲酒検知とは、自動車検問で酒気帯び運転かどうかを検査するものです。この本を読まれている方の中にも、実際に体験された方もいるかと思います。この飲酒検知について、修習生は、どれくらいの酒量で、酒気帯びと判定されるか、実際に検察庁内でみんなで酒を飲んでみて実験するのです。

しかし、どこの修習地でも、必ず一人は、この飲酒検知で、つい飲み過ぎて失敗する人がいます。

ある修習地でのことです。婦人警官が検査管を持って検察庁にきて、飲酒検知のやり方を説明した後、さっそく修習生一同は、酒を飲み始めました。婦人警官は、検査会場の片隅にある机を前にして腰をかけ、検査状況を見守っていました。検査を終えた修習生が次々と検査管を婦人警官のもとに提出しに来ました。

修習生の一人は、まじめにこの飲酒検知に取り組んだために、とても気持ち悪くなってしまいました。しかし、彼は、きちんと検査結果を報告しなくてはいけない、と思って、必死の思いでこの婦人警官のところまで歩いてきて、検査管を差し出しました。と、そのときです。耐えられなくなった彼は、遂に婦人警察官が座っていた机の上に嘔吐してしまいました。この婦人警官は、すぐに警察署へ逃げ帰りました。

こんな失敗をした彼も、今では裁判官になっているようです。

●『酒は災いの元パート２』

クラスの飲み会の時の話です。酒を飲み過ぎた修習生が、その勢いで、「つまんねえんだよ、○○！」と教官を呼び捨てにし、誰もが感じていたことなんですが、まさかほんとに言ってしまうとは、一同びっくり、寒い雰囲気になり、その後気まずい雰囲気で、酒宴は終わったそうです。

●『血のにじむ努力』

暖かい、日差しに包まれた研修所での前期の授業、そして暖房の効いた後期の授業、いずれも、有意義な内容ではあっても、どうしても眠くなってしまうことがあります。

あるまじめな修習生は、絶対に授業中に寝てはいけないと心に決め、毎日の授業に臨んでいました。

彼は、居眠り防止のため、とがった鉛筆を毎日用意し、睡魔がおそってくると、おもむろに鉛筆を取り出し、自分の手の甲に何度も何度も突き刺していました。まさに名実ともに血のにじむ努力です。

コラム　修習生失敗談特集

この努力が、どれほどまわりの気のゆるんだ修習生たちに感動を与え、活を入れたかしれません。

しかし、彼自身はといえば、そんな努力の甲斐もなく、突き刺し行為が終了したと同時に、脳の動きも止まり、深い眠りに落ちていくのでした。

●『スーパー弁論!?』

ある刑事裁判の日のことである。弁護人席の脇の席に座っていた修習生は、弁護人の机の上にスーパーマーケットの折り込みチラシが置かれているのに気づいた。「いったい今日の裁判と何の関連があるのか」と不思議に思っていた。

検察官の論告に引き続き弁護人はそのチラシを手に取り弁論を始めた。チラシの上に書き殴られた文字を読み上げる弁護人。「これなんて書いとったんかな」とところどころで詰まりながら、はらはらドキドキのうちに弁論が終わった。

裁判長が心配げに「弁論要旨は後ほど提出していただけるでしょうね」と聞いたところ、弁護人は淡々とハイと答えた。が、一月経っても弁論要旨は裁判所に届けられることがなかった。

一番かわいそうなのは、書記官である。

３　刑事弁護修習①

弁護側と検察側の力量の圧倒的違い

私の担当の弁護士は年に数回国選弁護事件を受任する程度で刑事弁護にそれほど熱心に関わっていたわけではなく、四カ月の間に私が関わった刑事事件は三件のみであった。しかし、刑事事件に比べて圧倒的に多数の事件を見せてもらった民事事件についての記憶はあまり残っていないのに、刑事事件については一年以上たった今でもはっきりと細部まで思い出すことができる。

自動車窃盗犯の再スタート

私が最初に弁護修習で関係した事件は中年男性による自転車数台の窃盗被告事件であった。本人は事実をほぼ認めており、問題は完全に情状に絞られていた。

弁護士のお供をして接見に行くと、被告人はどこにでもいそうな温厚そうなおじさんであるが（接見前は窃盗の被告人なのになぜか何となく凶暴そうなイメージをもっていた）、酔った勢いで自転車窃盗を重ねてしまったという。被告人には監督が期待できる者として離婚後も何かと世話をやいてくれていた元妻しかいないということであり、弁護士は情状証人として要請することを考えてその元妻に会うことに決め、後日事務所でその元妻と会うことになった。

弁護士は元妻との面接ではあまり良い情状が出てくるとは期待していなかったようである。被告人の世話をやいているとはいえ現在は妻ではなく、強い監督を期待できようはずがない。しかし、元妻からでてきたのは、元妻の母親と被告人の仲が悪くなったために離婚したのであって嫌いになったわけではない、私がついていてあげられなかったために被告人は犯罪を犯すようになったのだから再婚して今後は被告人の更生に尽くしたいし、そのことは被告人とも話し合いをしてあるとの言葉だった。

この事件では起訴された被害額はさほど高くはないし、被害品の自転車は被害者還付されているし、初犯なのでいずれにせよ執行猶予がつくことは予想できたが、再婚の見込みによって執行猶予の可能性は強くなったと思われるし(実際に裁判では執行猶予が付された)、何よりも被告人が実際に自転車窃盗から足を洗う見込みがついたのである。

弁護修習が実務修習の先頭に来ていたため、私にとってはこの事件がはじめて実務修習で出合う刑事事件であった。受験時代に読んだ教科書は事実が争われる事件を中心に書かれていたし、前期修習の刑事事件の関係の起案もすべて事実関係に争いのあるものについてであり、情状だけの事件はつまらないのではないか、事実に争いのある事件に関わりたいという思いが強くあった。だから、この事件の概要がわかったときにはがっかりした。しかし、この事件で一人の人間がまわりの援助を受けつつ立ち直っていく場に立ち会い、多少なりともその立ち直りの環境整備に資することができる情状弁護の醍醐味をかいま見ることができたように思う。本当にどんなに定型的でささいに見える刑事事件にもやりがいはあるのではなかろうか。

示談の難しさ

実務修習に入る前には、刑事弁護は公判が主戦場だというイメージがあったが、強姦未遂の事案に接して示談の重要性と困難さを感じた。

この事件では、修習担当の弁護士が当番弁護士として接見し、その場で受任したので、起訴猶予をとることが最大の目標となった。そのためには被害者との示談が決定的であり、修習担当の弁護士は被害女性と示談交渉をするため被害女性に事務所に来てもらうよう電話をし、約束を取り付けた。その翌日、被害女性が来るはずの時間になっても被害女性は来ず、かわりに被害女性から事件のため男性そのものが怖くなり密室に男性と一緒にいることができない、事務所以外で話ができないかとの電話があった。しかし、話の性質もあって事務所の会議室のドアを開けたまま話し合いをするという条件で事務所に来てもらえることとなった。話し合いは二日にわたって行われたが、賠償金を受け取ってもらい領収書を出してもらえることとはなったが、示談はしてもらえなかった。結局事件は起訴され、裁判では執行猶予付懲役判決がなされた。

修習担当弁護士の言葉には被害女性の気持ちを傷つけるような発言は決してなかったと思う（男の立場から見てではあるが）。しかし、被害女性が事務所に来たくないと言ったときに、被害女性の気持ちについて想像力を働かせて、事務所に来たくない気持ちについて理解を示したうえで事務所で話をする必要性をこんこんと説得する等のことがあれば、ひょっとして違った結果になったかもしれないと思うのである。まさに人の気持ちをいかに理解できるかがポイントになってくるわけだが、それは机上の勉強ではなく人生経験に大きく依存するものであろう（別に人生経験はあるが人の気持ちを理解できない人がいることを否定するわけではないが）。結局、この点では即効薬もないわけで、弁護士として、社会人として、日々人の気持ちを思いやっていくことが良い刑事弁護人への道ということになるのだろうか。

なお、この事件の公判で修習担当弁護士が重視した情状事項の一つに、被告人は職場で活躍しており、社会的有用性があるということがあった。実際に裁判所がそのような事実を重視するかどうかはわからないが、仕事さえできれば犯罪をしても多めにみてくれと言っているようで、私は強い違和感を感じたものだった。

全体として感じたこと

刑事弁護修習全体を通して一番強く感じたのは、弁護側と検察側の力量の圧倒的違いであった。たしかに、刑事事件の大部分である国選事件は金にならないし、争っても無罪になることはまずないという状況のもとでも大部分の弁護士は真面目に、ときには自分の時間を犠牲にして刑事弁護に取り組んでいるし、それは評価されるべきだと思う。しかし、他方でその意欲が十分に発揮されていなければあまり意味はないとも言えるだろう。

基本的には個人企業で、しかも民事事件にも取り組まざるをえない現在の弁護士の実状から考えると、弁護士自体の改革というよりは、弁護士会による情報検索システム構築等の手段が現実的なものではなかろうか。

弁護士以外に寄る辺もないことの多い被疑者、被告人のために、弁護士サイドは山積する課題に誠実に応答していかなくてはならないのだと思う。

4 刑事弁護修習②

「刑務所帰り」のレッテル

「殺人犯」と出会った。少し自分の中に緊張感がはしった。この人の話を聞いていると、なんとか償おうと思っているが、どうにもならないことの方が、現実には多いことがわかる。しかし、法律のやれることの限界を心に留めつつ、あきらめることなく、法律とつきあってゆける法曹になりたいと、切実に感じた瞬間であった

間近で見た元「凶悪犯」

上下そろいの作業着ふうの服を着た中年の男性が、弁護士の横に座っていた。一見して普通の真面目そうなおじさんだった。

定評のある大阪弁護士会の刑事弁護委員会の主催する刑事弁護ゼミの最終回は、元被告人の人から直接話を聞くというものだった。

弁護士の簡単な紹介に続いて、その男性は、修習生に向けて話の出来る機会があることをうれしく思

っていると前置きした後、話し始めた。

「私は、人を殺したことがあります。まだ、二〇歳かそこらの若いときのことでした……」

弁護修習も終わりにさしかかり、いわゆる「犯罪者」と世間一般で呼ばれる人たちに会うことは、今回が初めてというわけではなかったが、「殺人犯」となると、少し自分の中に緊張感がはしった。

男性は、黙っていたときの物静かそうな印象とはうってかわって、威勢良く、時折冗談までも交えつつ、自分の幼少期・青年期の話をした。高校を中退し、一〇代後半から組事務所に出入りするようになったこと、少年院も経験したこと、二〇歳のころには、どっぷりとその世界に浸っていたこと。

「少年院みたいなとこ、行ったらあきまへんで。ますます、悪なってまう。暴力団員の養成所みたいなもんですわ。大方のもんが、少年院の後に暴力団に入ってしまうんですから」

かなり過激な発言も飛び出した。

過酷な取り調べ

正式な組員になって間もないころに、組の関係で、人を殺したことがあるということだった。

「その当時は、何もわかってませんでしたから、人一人殺すくらいなんでもない、何が悪いねん、いうような感じでした。やくざなんか、刑務所に入ることで、箔ついて、手柄になるんですから」

男性は、当時のことをその様に、少しばかり自嘲気味に語った。その後も、刑務所を出たり入ったりの生活を続け、今から一〇年ほど前、殺人罪の実行犯として逮捕され、当初より否認していたものの、不作為の幇助犯（非常に珍しい事案で刊行物で判例の紹介もされています）として、懲役一二年の判決を受け、一年半ほど前に出所したということであった。これが最後の服役である。

暴力団組員が被疑者ということで、暴力団による犯罪の専門部署である府警の捜査四課の捜査員から、厳しい取調べを受けることになる。

男性曰く、狭い調べ室で、窓のすぐ前まで押しやられて、時折、がっちりした捜査員がボクシングの選手のように、顔の真正面に勢いよく拳を出してくる。顔に当たる一歩手前でその拳は、ピタッと止まるのであるが、男性の方は、当たるのではないかという恐怖心から、すぐ後ろはガラスの窓だということがわかっていても、拳をよけようとして、頭を後ろに動かしてしまう。当然、拳の勢い同様、頭の方も、かなり激しく後ろのガラスにぶつける。

それが、何度となく繰り返される。いつ拳が飛んでくるのか、逃げようとしても逃げどころのない状態。物理的な圧迫感だけでなく、心理的にもかなり追いつめられた状況で、過酷な調べは続く。ついに、頭に怪我をすることがあったが、捜査員は、男性が勝手に壁にぶつけたもので、暴行はしていないと否定する。男性の話のとおりなら、たしかに、捜査員が直接ぶつけたものではないが、「暴行」を加えていることに変わりはない。

ここにあげたのは、ほんの一例で、さまざまな、有形・無形の暴力が加えられる。

「警察は、組員や思たら、何してもええとおもってるんですわ」

強い怒りを露わにしながら、少しばかり興奮気味に男性は語った。

元被告人の人から、直接聞く、調べ中の暴行の数々。そのすべてを安易に信用してしまっていいのかどうかわからない部分はあるにしても、刑事事件に携わる人間として、現在もこういったことが行われている可能性があるということは、心に留めておかねばならないと思った。

冷たい世間

公判でも争ったものの、前記のとおりの結果となり、長期間服役することになる。

その間、男性は自分のこれまでを振り返り、出所後は組には戻ることなく生きることを決意する。実際に社会に戻ってから、必死になって職探しをするが世間の目は冷たい。元「組員」、「刑務所帰り」、まず、それが前に出てきてなかなか雇ってくれるところはない。

「なんぼ、刑務所出てやり直せいうても、受け皿がないから結局もとに戻ってしまうんですわ」

「だれかって、刑務所帰りのもんなんて雇いたないですわな。そやけど、実際それを実感したときは辛かった」

男性は、かなり強い口調で、いったん「犯罪者」のレッテルを貼られた人の生きづらさを語る。早口で、世間の冷たさを批判する。

いくら、「更生」といっても、抽象的な願いに留まっていたのでは、原状を変えることにはつながらない。具体的な支援、世間一般の人の理解の重要性を実感する。

「そのうち、段々腹立ってきて、今に見ておれっていう気持ちになって、自分で商売することにしたんです」

以前やったことのある塗装の仕事を、はじめは、自分一人、事務所もなく、小さな車と携帯電話一つで開始した。仕事の腕前と、持ち前の人なつっこさで、注文は徐々に増え、今では、従業員数十名の塗装屋の社長となった。従業員の中には、この男性同様、今度こそは、過ちはすまいと強い決意をもって、新しい人生を歩もうとしている人もいる。

服役した人間を、一般社会は容易には受け入れてくれないという話は、私にとって、ある程度イメージできるもので、はじめて耳にする類のものではなかったが、直接、経験に基づいた話を実際に聞いたときの、説得力、迫力はとても言葉では言い表せないものがあった。

償い方

「ところで、いまは、前回の事件で亡くなられた方に対して、どのように思っていますか」

話が一段落したところで、弁護士が質問をした。

「今回の被害者の人に対しては……、たしかに自分としては殺すつもりはなかったものの、結果としてその人が死んでしまったことにはかわりはないと思います……」

先程までの、威勢の良さ、調子の良さが一瞬にしてかわり、男性はうつむきながら話した。驚くほどの大きな変化であった。しかし、とってつけたものではなく、自然なものであった。

「どないしても……、死んだ人は帰ってきません。どうやったかって……、償いようがないんです……。裁判で判決出て、刑務所入ったからいうて、それで償ったことにしようというのは……、勝手に……人間が決めたことにすぎないんです」

それまで、元気に、どちらかというと勝ち気に自分の経験を語ってきた男性が、突然、涙混じりで、心の底から振り絞るような声で、途切れ途切れに、今回の事件の被害者について語った。

失われた一人の命について、自分として何もできないことのやりきれなさ、申し訳なさ。

「一生……、償いができない……いうことを忘れんと、生きていかな……あかんのです、わしらみたいなもんは」

この男性が一生抱えていくであろう、心の重みを考えたとき、胸が痛んだ。

裁判という制度のなかでの結論である判決に従うことで、ある種の「償い」、「おとしまえ」をつけたことにしようというのは、人間が勝手に決めたルールにすぎないのである。取り返しのつかないこと、なんとか償おうと思ってもどうにもならないことの方が、現実には多いのであろう。当たり前のことだろうけど。

法律のやれることの限界を心に留めつつ、でも、あきらめることなく、法律とつきあってゆける法曹になりたいと、切実に感じた瞬間であった。

5 検察修習①

一筋縄ではいかない取調べ

検察修習は、大きく捜査修習と公判修習に分けられるが、その大部分は、捜査修習、なかでも取調べ修習である。そこに繰り広げられる人間模様を垣間見た。

また、取調べ修習では、かつて、修習生が取調べをすることの違法性を問題にし、取調べ修習を拒否する修習生が結構いた時代があった。しかし、このことが話題になること自体が激減するという『黙認状態』が続くなか、取調べ修習を拒否した修習生のレポートを紹介する。

取調べ修習をしてみて

「取調べ」——恐ろしいもの？

取調べというのは、「はぐれ刑事純情派」などで、「おまえがやったのはわかってるんだ」とどなって机をバーンとたたき、被疑者（容疑者）に、「私がやりました」と言わせようとする例のやつである。

　ある日、ぼくが、

「今日は被疑者の取調べをやっていました」

　と義母に言うと、

「まあー、取調べだなんて恐ろしいことをやってるんですか」

　という反応がかえってきた。

　刑事訴訟法の勉強をしていると、「取調べ」という単語に対して抵抗がなくなり、日常会話として「被疑者に取調べ受忍義務があるか？」などと議論したりするが、市民感覚からすると、取調べというのはやはり、恐ろしいものというイメージがあるようである。

　検察修習も半ばに入ると、修習生も、検事見習いよろしく、

「調べの予定は？」

　などと格好つけたりする。

　修習生が取調べを行うことの違法性については、別稿（七七頁）に譲るが、ぼくは、友人たちと議論した結果、その違法性を認識しつつも取調べを行うことにした。

　取調べ修習を行ったことに対する弁明はここでは割愛させていただくが、ぼくは実際に取調べを行ってみて、かなり勉強になったと思っている。

　ぼくは、四カ月の間に、一五人くらいの被疑者・被害者・目撃者などを取り調べた。事件としては、

窃盗、業務上過失致傷、売春防止法違反、傷害、強姦、覚醒剤取締法違反、強盗、車輌法違反、道路交通法違反（酒気帯び運転）など多岐にわたるが、ここでは印象に残った二つの事件を通じて検察修習の一端をご紹介する。

ソープ嬢を前に緊張しまくる――社会勉強？

ぼくがはじめて取調べなるものを行った相手は、売春防止法違反の参考人、早く言えばソープランドのお姉さんであった。

売春防止法上、売春の実行者は罰せられず、その使用者が罰せられる。したがって、ソープランドのお姉さんは被疑者ではなく、使用者を訴追するための参考人ということになるのである。

相手は勤め先のソープランドが摘発されるたびに警察署・検察庁に呼ばれ、事情聴取という名の参考人取調べを受けているベテラン。こちらは、取調べの適法性に疑問を抱きつつはじめて取調べにチャレンジするぴよぴよのひよっこ。はじめから勝負は見えている。

相島六原則（七八頁参照）に基づき、検事が一言。

「彼は司法修習生といって、弁護士とか検事・裁判官になるための研修をしている人なんですよ。ぼくがあなたの担当の検事なんだけど、代わりに彼に話を聞いてもらおうと思うんだけどいいかな？」

相手は意味がわかっているのかどうか怪しいが、とりあえず開始の儀式を終え、いよいよぼくの出番である。

「今日は、被疑者○○の売春防止法違反の参考人として来ていただきました。お名前は？」

「○○」

「住所は？」

「○○」

そこに書いてあるでしょとばかりに面倒臭そうに答えてくれる。

ぼくは修習生だからといってなめられてはいけないと思い、平静を装いつつも、心臓はバクバク鳴っている。ソープランドに行ったことのないぼくとしては、ソープ嬢とお話しするのははじめての体験であり、会話がぎこちない。

警察から回ってきた書面（司法警察員面前供述録取書――略称「員面調書」）をなぞるように一時間ばかり話を聞いたら、今度は調書（検察官面前供述録取書）作りである。

つまり、使用者を訴追するための証拠として、ソープ嬢が話した内容を書面に残す作業である。パソコンが得意な人にとっては何ということのない作業なのであろうが、ワープロを覚えたてのぼくは、文字入力に四苦八苦である。しかも、妻からもらったこのワープロは機種が古く文字変換が異常に遅い（ことを知ったのはパソコンを使うようになってからのことである）。

なんとか調書が出来上がると、検事の添削だ。そこでは、ソープ嬢が売春をしていたことを使用者が認識していたことが書かれているかがポイントとなる。

しかし、当然のことながら、調べ直しを命じられる。ずっと控え室に待ってもらうのも悪いので二時間後に来てもらうことにしていたソープ嬢から、使用者の認識を中心に聞き直しである。

そして、今度は大丈夫だろうと思って打ち直した調書を持っていくが、またやり直しである。そんなことを何度か繰り返しているうちに、待ちくたびれたソープ嬢が、

「もうすぐ勤務時間なんですけど」

と言って、急かしてくる。

「もう別の勤務先を見つけたのか」と思いつつ、ぼくはひたすらキーをたたき続ける。

辺りが暗くなってきた頃、

「今日の勤務、代わってもらいましたから、ゆっくりでいいですよ」

と言われたときには、ホッとした反面情けなかった。

他の修習生がワープロ打ちを続けている間、ソープ嬢のお相手をすることを命じられたぼくが、

「なぜ、ソープランドで働くんですか？」

とありきたりの質問をすると、ソープ嬢（？）は、

「生活のためですよ。父ちゃんに逃げられて、高校生の子供を一人で育てていくには、ほかに効率のいい仕事が見つからないんです」

と答えてくれた。

さすがにぼくは、「スーパーで働いたらどうですか？」とは言えなかった。

検事正の鶴の一声で起訴――検察庁は体育会系？

検察修習も半ばに差しかかるころ、ぼくたちは、輪姦事件を合同捜査することになった。

被害者のプライバシーに関わる事件なので、内容については端折らざるをえないが、重大事件の捜査を任されたぼくたちは、二人組でペアを組んで、被害者・目撃者・被疑者の取調べに臨むことになった。

事件発生から起訴までの一カ月近くの間、終日取調べをしては捜査会議というハードなスケジュールである。

共謀の成立時期などさまざまな論点があったが、特に問題となったのは、被害者をホテルまで連行した車を運転したものの、実行行為をしなかった被疑者の処分であった。

実行行為をしていないとはいえ、実行行為に不可欠の車の運転を分担しているし、ホテルの場所を指示するなどの役割も果たしていることから、彼にも共謀共同正犯が成立することはあまり問題なかった。

ただ、一貫して強姦に対し積極的な姿勢を示していないこと、落ち込んでいる被害者を見て実行行為を自分で踏みとどまったことなどの理由から、私は起訴猶予が相当と判断した。

修習生の意見は分かれ、指導担当検事と決裁官（次席検事）は起訴猶予派だったのであるが、検事正の鶴の一声で起訴ということになった。

被害者はまだ一五歳だから、深夜に暴走族のギャラリーをしていて自分から車に近づいていったという落ち度をあまり重視すべきではない、というのが検事正の意見であった。

それはそれで納得のいく説明ではあったが、検察庁の上下関係は厳しいものがあるのかなと思った事件処理であった。
もっとも、それだけ微妙な事案であったということはできようが。

取調べ修習拒否について

前提および理論状況

取調べ修習とは、文字どおり司法修習生が被疑者を取り調べるものであり、検察修習の中心をなすものである。

取調べ修習が違法である、として問題視されてきたのはかなり以前からのことである。いわゆる「相島六原則」（後述）は一九六三年に示されている。

㈠ 違法論は主に次の三点を論拠とする。

⑴ 取調べの主体について定めた刑訴法一九八条一項は、「司法修習生」を主体としてあげていない。よって修習生による取調べは、同法一九七条一項但書の定める強制処分法定主義に反する。

⑵ 憲法三一条の法定手続原則は、特に刑事手続においては厳格に解釈・運用されるべきである。修習生による取調べは法律上の明文の根拠を欠く以上、同原則違反で違憲である。

⑶ 取調べは被疑者に対し自己に不利益な供述まで求めるという点で、被疑者の人格の深いところま

で立ち入るものであるが、修習目的による取調べは、被疑者人格を修習の道具として扱うものであり、人格の尊厳を趣旨とする憲法一三条に反する。

㈡　これに対し、合法論は次のように述べる。

⑴　被疑者の同意がある以上許される。

⑵　将来の法曹を養成するという公益目的のためには取調べ修習は不可欠であり、それ故これを認める必要がある。医師のインターン制度と同じである。

⑶　「相島六原則」（以下に示す）を守れば、人権侵害のおそれは少ない。

①　指導検察官が、あらかじめ個々の事件ごとに事案の概要、問題点、発問要領等を説明指導すること。

②　被疑者の呼び出しは、指導検察官の責任と名において行い、修習のみを目的とする不必要な呼び出しはしないこと。

③　指導検察官は、修習生の身分を説明し、被疑者の自由な意思に基づく承諾を得ること。

④　指導検察官があらかじめ黙秘権の告知を行うこと。

⑤　修習生の被疑者に対する質問にあたっては、指導検察官が同室し、指導監督を行うこと。

⑥　修習生が作成した調書はそのまま流用することなく、指導検察官があらためて取調べを行い、調書を作成すること。

㈢　合法論に対する違法論からの批判は以下のとおり。

コラム 「取調べ修習拒否」関連用語

相島六原則：「取調べ修習は違法ではないか」との疑問に対し、当時の相島司法研修所所長が、取調べ修習を合法としようとして示した条件。

強制処分：何らかの形で人権を侵害するような処分（内容については学説の対立がある）。たとえば、捜索は「住居の不可侵」という人権を侵害する。取調べは個人のプライバシー権等を侵害するから、強制処分であるとする立場が一般的である。

強制処分法定主義：強制処分は、人権保障のため法律の定めている場合に限りできるという立場。

法定手続原則：人が「刑罰を科せられ」るには、法律（正確には国会が法律という形式で定めた法規範）の定めが必要であるとの原則。取調べは刑事処分すなわち人に刑罰を科す処分に向けられた手続であるから、本原則の適用を受ける。

なお、強制処分法定主義と本原則との違いは、前者が強制処分の法定のみを定めているのに対し、後者は任意処分（人権を侵害しない処分）にも適用があるという点にある。たとえば「取り調べて欲しい」と自分から積極的に言ってきている者を取り調べることは、これが任意処分だとすれば強制処分法定主義違反ではないかもしれないが、修習生が取調べの主体足りうることが法定されていない以上本原則違反である。

冒頭陳述：検察官が刑事裁判の冒頭で述べる、証拠によって明らかにしようとする事実の陳述。

論告要旨：検察官の、刑事被告人の処分に対する意見。

主任立会制：対概念は部制（捜査と公判をそれぞれ別の部の検察官が担当する）。

合法論の⑴について：被疑者と検察官の力関係、修習生というものについての一般人の理解からして、自由かつ真摯な同意とはいえない。法定手続原則は同意によって放棄できるものではない。

合法論の⑵について：公益目的であっても個人の人格を踏みにじることは許されない。インターン制度と取調べという権力の行使を同視することはできない。

合法論の⑶について：同原則を守ることは不可能である（現実に守られたという例はほとんどない）。拘束時間が長くなることは明白である。大部屋で一斉にやらざるをえず、プライバシー侵害が著しい。

㈣　違法論に立ち、違法である以上できないとして、かかる修習を拒否する修習生が毎年いる。近年はごくわずかになったが、五一期までは、かろうじて毎年一人は存在した。私もその一人である。

私の場合は、法曹として法定手続を守るため努力して行こうというのに、修習の時から違法なことをやっていては法曹としてよって立つ基盤がなくなってしまうのではないかということが、拒否に至った理由である。そして、私自身は、「法定手続原則違反」一本で取調べ修習の違法性は基礎づけられると思っている。また合法論の⑵について付け加えれば、取調べ修習は法曹としての能力養成のため無益とまでは言えないが、不可欠なものではないと思う。

以下は「取調べ拒否」の実践記である。

経緯

七月中旬の検察修習開始の日、この時点で取調べは拒否することに決めていた。ただいつその旨言い出そうか悩んでいたところ、指導担当補佐の検事が事件記録を配布し始めたので、その際「取調べはできません」と咄嗟に伝えた。その際の検事の回答は、「考えておく」とのことであった。

当日、ガイダンスの講義が終わり皆が記録を読み始めたとき、私だけが別室に呼ばれ、取調べをしない理由を聞かれ、説得を受けた。だいたい一時間半くらいの議論のあと、取調べはしないことでやらせていただけることになった。「信念ということであれば仕方ない」ということであった。

七月は講義等で終わり、八月上旬に夏休みに入った。休み明けの八月中旬ころから、他の修習生は修習生室での取調べ修習に取り組んだ。基本的には検事は終始同室し、指導監督にあたった。指導検事が始めに権利告知をし、また修習生が発問することの同意を求め、その後は修習生が単独で取調べをする、というスタイル。当地では、同意しない被疑者はいなかった。

私は取調べをしないことから、すでに起訴された事件の記録を配布され、冒頭陳述と論告要旨の起案を課題として与えられた。なお当地では主任立会制であり、基本的には調べをした検察官が公判にも立会するので、本来私に公判記録は回ってこないはずなのだが、この点は配慮していただいた。冒陳・論告は他の修習生と同じくらいの数を起案させていただいた。

また何件かは、起訴前記録も検討させていただいた。法律的に難しかったり、事実が複雑だったりするもので、事件の問題点や起訴不起訴についての意見を書いたレポートを提出した。

取調べの傍聴については、よく配慮していただけた。一回は七月中にさせていただく予定にはじめからなっていたのだが、その後も何回も傍聴させていただいた（重大事犯と性犯罪を除く）。われわれの修習期間中指導担当補佐が立会事務官ともども修習生室に常駐し、自分の事件も修習生室で取調べをしたからである。

一〇月中旬以降は、身柄事件の取調べとその準備等で他の修習生がものすごく忙しい状態になったのに対し、私はきわめて暇になった。そのため、時間の過ごし方に苦労した。検察講義案を精読したり、他の修習生に配点された記録を借りて検討したりしていた。

検察庁での修習終了日（一一月下旬）、座談会で取調べをしなかったことに悔いはない旨述べた。検察庁側の感想は、総じて好意的ではなかった。

感想

基本的には思った以上に充実した修習ができたように思う。取調べを拒否することで、まったく無視され、見学等からも排除されるという事態も覚悟していたので。行事に参加できなかったとか、プライベートな飲み会等に誘われなかったとかいうような、大規模庁についてよく言われるようなことはまったくなかった（私の尊敬するある弁護士（東京修習）は「ある朝登庁したら机が廊下にありましたよ」とおっしゃっていた。また別の弁護士（東京修習）は、「パトカー試乗」の際役所に残るよう言われて乗せてもらえなかったとのことだ）。

むしろ、先方は私の扱い方に苦慮していたようだった。レポート提出というのは珍しいケースかと思う。個々の事件に関連すると思われる文献や判例の調査をするなどして、いろいろ勉強になった。この点は検察庁の方々に感謝している。

残念なのは、他の修習生との接し方であった。妨害はできないので、せめて議論はしようと思っていたのであるが、みんな忙しかったこと、また修習生一般としてこのテーマにあまり関心がない（と私が思いこんでいた）こと等のため、踏み込んだ議論はできなかった。ただ、言葉の端々に「考えさせられた」ということは言ってくれた人もいたので、まったく無意味ではなかったのかとは思う。

取調べ修習は、修習生に「権力を行使することの快感」を覚え込ませてしまう危険を本質的に有している。この点は、研修所も、検察庁も、そして修習生自身も肝に銘じておかねばならないことだと思う。

一方、取調べをした修習生の感想として、「日常出会えない人と話ができた」というものが多くあるが、これは「権力を行使している」ことを失念していることのあらわれではないか。また、それは普段の人間関係の狭さを示すものではないか。権力を背後にして被疑者と対話したからといって、果たしてそれが心通いあうものであるだろうか。

本当は、「取調べ傍聴」も被疑者のプライバシーの点からすれば、問題があるのだろう。ただ、この点については、「修習のため」と割り切った。修習生自身が発問することとの間には、明確に（違法・適法の）線が引けると思っている。司法修習自体、多かれ少なかれ一般の方々を含む他人を利用するものであり、それぞれの修習の内容について区別するためにあえて線を引けるのは、「権力の行使か否か」でしかないと思う（したがって、私は憲法一三条を違法の根拠と考えない）。

私自身は、取調べ拒否を運動というよりは、個人の生き方の問題として捉えている。したがって取調べ拒否が運動としてあまり広がらなくとも、それはそれでいいと思っている。

6 検察修習②

公判実務修習の醍醐味

公判修習は、捜査修習に比べると地味な修習である。しかし、公判修習では、何よりも当事者として裁判上の地位が与えられている検察官のすぐ隣に同席して裁判に臨めるのが、緊張感があってよい。他にも、検察官は役得または因果な商売と感じられた点など公判修習の醍醐味を紹介する。

公判修習の部署

東京地検一三階。ここに、11検と12検が同居している部屋がある。私とT女性修習生がここに配属された。ここは、東京地検特捜部ではない。いわゆる、一般部である。修習生が東京地検特捜部で修習することは、決してない。

私は、12検で実務修習をやることになり、M検事とK検事が、私の公判指導検事。T女性修習生は、11検に配属された。

公判修習の内容

公判修習では、捜査によって、収集された証拠を法廷に提出するものと、しないものとに分けたり、証拠説明書や起訴状、冒頭陳述、論告・求刑等を起案したりする。

この公判修習を通じて、検察官が法廷に提出しない証拠が意外と多いということに気づく。法廷に提出しないのは、大方は、犯罪立証に必要のない場合なのであろうが、なかには、検察官にとって不利な証拠、すなわちその証拠が法廷に出されると無罪となりかねない場合もあるのではないかと推測される。推測と書いたのは、修習中は、そのような証拠を見たことがないからである。しかし、ベストエビデンスの名のもとに、法廷に出さない証拠が多いことは確かであり、ここに、無罪証拠がないとは限らない。

公判修習の期間

公判修習の期間は、きわめて短い。東京では、約一カ月である。これから、一年半の修習になると、もっと、短くなるのではないだろうか。

公判修習に入る順番（捜査→公判→捜査）

東京で修習する修習生は約一五〇名ほどいたが、これを三つの班に分けて修習していた。私が属していた東京三班には四八名いた。検察修習では、これをさらに、A班からC班の三つに分け、それぞれ、捜査→捜査→公判（A班）、捜査→公判→捜査（B班）、公判→捜査→捜査（C班）という順番で修習を実施していた。つまり、東京での検察修習は、捜査修習と公判修習が完全に分離しており、四カ月間の検察修習の内、三分の二が捜査、三分の一が公判となっていた。

私は、その内のB班に属していたので、捜査修習の間に公判修習が入っていた。

この順番では、捜査修習が前半と後半に分かれ、捜査修習になじんできて、事件処理がスムーズにいきかけてきたところを中断され、面白みが半減した。また、被疑者の身柄を勾留している事件については、二人一組になって捜査修習をやるが、現場検証立会の前日に公判修習が始まってしまい、現場検証立会のチャンスを逃したのも心残りであった。

しかし、この順番での修習にも良い点はあった。それは、公判修習をやって、もう一度、捜査修習ができたので、公判を睨んでの捜査というのをかなり意識するようになった点である。公判においては、被告人の犯罪行為および情状等を立証するのであるが、これは、捜査がどれだけ充実したかによって、大きく左右されることを実感した。そのせいか、修習生には、それほど困難な事件（否認事件等）の配点は極端に少なかったように思う。

ビデオ（検事は役得、それとも因果な商売）

ある日、午後六時を過ぎて、私とT女性修習生が残って起案やら、調べ物やらをしていると、公判副部長（えらい検事さん）が11検、12検の部屋にやって来て、11検の検事に「ビデオ見るぞ」と言って、証拠の中から一本のビデオを取り出し、再生しだした。

副部長は、「修習生も見るか」と声をかけてくれ、私とT女性修習生はモニターの前のソファーに腰を掛けた。

画面に映し出されているのは、ぼかしなしの男女の絡み合うシーンである。もろ、見える。ＡＶの女優や男優ではなく、一見普通のサラリーマン風の中年男性が、これまた普通の中年女性や若い女性を相手にしているのでむちゃくちゃ生々しい。逆にいえば、鑑賞に堪えない。いつの間にか、モニターの前にはM検事もK検事も11検の検事も来ている。T女性修習生もじっと画面を見ている。なんだか、息が詰まる。女性の修習生がいるせいだろうか。

しばらくして、M検事が「情熱だなあ」とつぶやく。まさに、情熱以外には考えられない。ようやるわという感じ。いろいろと、体位を変え、カメラのアングルも変え、果ては浣腸までやって、排泄物を撮影している。

コラム　「いろもの事件」って何

痴漢（迷惑防止条例違反）、淫行（青少年保護育成条例違反）、強制わいせつ罪、わいせつ物頒布、陳列罪、強姦罪、売春防止法違反など、性犯罪を、法曹関係者が取り扱う場合、これらを「いろもの」と総称する。

いろもの事件は、犯罪の重さ、解決の難易が、修習生が取り扱うのに適していると考えられるものが多い。そのため、検察修習であれば、修習生がこれをなした被疑者を取り調べ、裁判修習であれば、修習生がこれらの犯罪について判決を起案し、弁護修習であれば、これらの犯罪について、示談交渉に立ち会うことがある。

検察修習の際には、こういった事件の配点が他人よりも多い修習生もいて、いろもの担当検事と呼ばれたりする。

いろもの事件については、事件や「わいせつ物」への興味の方が、真相解明よりも優先してしまう修習生もいないではない。法が取り締まる「わいせつ物」を、修習生が見ることができるのは、真相究明のためであり、その特権的立場を利用して興味本位の観点から「わいせつ物」を見るというのはもちろん問題がある。

さらに、事件記録に付されている痴漢事件の被害者などの写真について、品評する修習生もいないではなかったが、これはその特権的立場を利用して被害者のプライバシーを侵しているという点で、なおいっそう問題であろう。

少し冷静になって、わいせつ性の立証は十分だと思っていると、11検の検事が、これは、販売用に作成された、いわゆる裏ビデオの類ではない。画面に映っている男性が、趣味で撮ったものであるが、この男性に、いわゆる淫行条例違反の容疑がかかっており、その証拠がこのビデオの中にあるのではないかということで再生して取り調べているということを説明してくれた。それで、映像だけでなく音声にも注意して、たとえば、この男性が若い女性に対して「学校はどこ?」とか、「お小遣いはいくら?」とか聞いていないかを取り調べているのだと。もし、この男性が、そういったことを聞いていれば相手の女性が一八歳未満であるとの認識があったという有力な間接証拠になりうるのである。

なるほど、そういうわけで、裁判所での取調べ方と違ったのだと、私は納得してみせた。裁判所では、わいせつビデオの取調べは、裁判官室の隣にある小部屋で、音声を消して映像だけをチェックする。わいせつかどうかは、音声ではなく、性器露出の映像をチェックすれば足りるからである。

しかし、音声があるのとないのとでは、だいぶ違うと感じたのは、決して私だけではないだろう。また、趣味で見るのと、仕事として見るのとでは、感性が違う。理性を保ちつつ冷静に、証拠調べの目的だけで見るには、私は少し若すぎる。検察官も、自分の体調に関係なく、また、男性だけでとか、女性だけでとかの区別もなく、（男の検事も女の検事もあるいは男の修習生も女の修習生も一緒に）、このようなビデオの取調べをしなければならないのは大変である。一般の職場では、セクハラとなること、間違いない。役得と考える向きもあろうが、やっている側からは、因果な商売との割り切りが必要だと思った。

指導担当検事について

(1)　M検事は、几帳面であった。

検察官は公判において、起訴状朗読、冒頭陳述、書証の要旨の告知、論告・求刑など、重要な役割がある。M検事は、起訴状朗読などで、読み違えないように、被告人名は赤色、犯行現場は青色、犯行時刻は黄色というように、マーカーで色分けをしていた。受験時代のくせが抜けないのであろう。しかし、起訴状などで、被告人名を読み間違えたりしては検事の名折れ、といった気迫が感じられ好感がもてた。

(2)　M検事は、正義感がにじみ出ていた。

M検事が担当していた強姦事件で、弁護人が、情状立証として、強姦の加害者の母親が、被害者に宛てて出した、お詫びを兼ねて示談に応じて欲しい旨をしるした手紙を証拠として提出した。しかし、その手紙の末尾には、被害者も、加害者と一緒に飲みに行ったのだから、軽率な点があったのではないか、今後は、そのような軽率な行動は慎まれたい旨の一文があった。その母親が、情状証人として証言した際、M検事は、反対尋問でその真意を問い質した。曰く、「あなたは、ご自分の息子さんが悪いことをしたとは思っていないのではないですか」と。すると、母親は、息子も悪いことをしたとは思っているが、女性の方も落ち度があると思うと証言した。そこを、すかさず、一緒に飲みに行ったぐらいで強姦されては堪らないと、強く諭すように言い聞かせた。

被害者とともに泣く検察官という姿勢がにじんでいた。この後、裁判官も、母親に、あなたがそういうことを言ってはいけませんと諭していた。

⑶　Ｋ検事は、指導担当ではあったが、公判に連れていっていただいた回数が少なかった。そのかわり、パソコンをいろいろ教えていただいた。

公判修習の感想

検察修習は捜査修習も、公判修習も面白かった。公判修習では、何よりも、当事者として裁判上の地位が与えられている検察官のすぐ隣に同席して裁判に臨めるのが、緊張感があって良かった。刑事裁判修習では、修習生は壇上に上れない。

被告人に無用な圧迫感を与えないためであろうが、修習生としては、緊張感に欠け、面白みが半減する。弁護修習でも弁護人の横に座るが、攻めるのと守るのとでは、攻める方が面白いような気がした。それに、弁護人はなぜ悪いやつを弁護するのかという素朴な疑問が残る。もっとも、裁判が決着するまでは、被告人が悪いかどうかわからない（無罪推定）という建前ではあるが、有罪率九〇％以上の日本では、素朴な疑問はやはり消えない。それに引き替え、検察官は、悪いやつは許さないという素朴な正義感を満たしてくれ、勢いがあり、やっぱり面白いと感じた。

しかし、この素朴な正義感が、えん罪を生み出す危険になっているのではないかとも感じた。

7　民事裁判修習①

わかりやすい裁判、親しまれる司法の実現

弁論と言えば多くの人は弁論部や弁論大会などから連想される弁論、つまり、口頭で討論したり演説したりする様をイメージするだろう。しかし、民事裁判における弁論は、そういったイメージからはほど遠い。「書面の陳述」を行って一分ほどで終わる。私が修習生になって民事裁判を傍聴してまず驚いたのが、この弁論の様子であった。

日本の司法は二割司法と言われている。紛争を抱えた人の二割くらいしか司法の世話にならず、残りの八割もの人は、司法以外の手段で紛争を解決するか、あるいは泣き寝入りしているということである。司法での紛争解決が最善とは思わないが、有効な解決法の一つだろうと思う。これが、二割司法と言われる現状にとどまっている理由は、弁護士費用が一般の人の感覚からすると高額であることとともに、裁判に時間がかかること、裁判がわかりにくく、裁判所が一般の人にとって敷居の高い存在であることがあげられる。

裁判をわかりやすくかつ迅速なものとして、こうした現状を改善するため、一九九八年より新民事訴

訟法が施行された。

この新民事訴訟法施行元年の司法修習生として、新民事訴訟法の運用によって民事裁判の現状が改善されるのかについて、修習を通じて感じたことを以下に素描する。

弁論って？

「○○君、法廷に行くけど、一緒に来るか」。弁護修習が始まったばかりのころ、修習先の弁護士事務所で、指導担当弁護士にそう声をかけられた。私は、修習生としてはじめての法廷傍聴に大いに期待を抱きながら、弁護士の後に付いていった。

「今日は弁論だけだから、つまらないかもしれないけどね」との弁護士の言葉が少し気になってはいたが……。

名古屋地方裁判所の法廷で、私が目にしたのは、次のようなやりとりだった。

裁判官「では、準備書面を陳述ということでよろしいですか」

原告代理人「はい」

裁判官「被告代理人、○×の点については」

被告代理人「その点については、次回期日までに書面を提出いたします」

裁判官「では、次回期日は、○月×日はどうですか」

原告代理人「すみません、その日は差し障りです」
裁判官「では、×月○日は」
被告代理人「その日は大阪で弁論がありまして……」

*

弁論と言えば多くの人は弁論部や弁論大会などから連想される弁論、つまり、口頭で討論したり演説したりする様をイメージするだろう。

しかし、民事裁判における弁論は、そういったイメージからはほど遠い。

先に書いたような、「書面の陳述」を行って一分ほどで終わり、次回期日を決めることの方に時間がかかるのが民事裁判における弁論である。同時刻にいくつもの事件の弁論期日が予定されている、ということも、これによって可能となるのである。

私が修習生になって民事裁判を傍聴してまず驚いたのが、この弁論の様子であった。これでは、当事者や傍聴人は法廷で何が行われているのかわからないと思うのだが。

同じように感じた修習生は他にもいたようで、私が修習した名古屋の修習生の一部で、弁論のまねと称して「陳述します」と弁護士ふうに言うのがはやったりもした。

このような弁論のやり方は、民事訴訟法が口頭主義を採用している（八七条、旧法一二五条）ことに実質的には矛盾する。いわゆる「口頭弁論の形骸化」と言われる現象である。

しかし、民事裁判修習で裁判所の内部から弁論を見つめるようになると、こういった実務慣行が形成されたことについても合点がいくようになった。

訴訟は複雑化しているので、当事者の主張は書面でなされた方がわかりやすい。そのうえ、日本の裁判は時間がかかり、書面を弁論期日に朗読されても判決を書くころには忘れてしまうので、もう一回書面を読み返さなければならない。また、口頭弁論の場で主張書面に基づき争点整理をしようにも、わが国の裁判官、弁護士はともに雄弁術を体得しているわけではないのでそれも困難である。さらに、裁判官の手持ち事件数は大都市では平均三〇〇件ときわめて多く、一つの事件の処理をできる限り短時間で終わらせることが求められている。こうした理由から、先のような「書面の陳述」が常態化するに至ったのである。

裁判官の仕事ぶり

たしかに、私が修習した名古屋での裁判官の働きぶりを見ると、これ以上裁判を原則どおり丁寧に進めるのは困難だと思う。裁判官は平日の九時から五時までの時間帯は法廷や後述する弁論準備、諸会合などが入っているため、事件の記録を読んだり判決を作成したりする時間は、五時以降や休日しかない。そこで、事件記録をふろしきに包んで家に持って帰り家で仕事をする「ふろしき残業」が常態化しているベテラン裁判官や、カロリーメイトやカップラーメンを食べながら夜八時・九時まで裁判所に残って残業している若手裁判官もおり（更に家に帰ってからも仕事をするのである）、皆非常に忙しそうであった。「裁判官に労働基準法の適用はない」との言葉も裁判所で聞いた。裁判官は過酷な労働条件のもとで、かなり献身的に働いているとの印象を受けた。

新民事訴訟法施行

しかし、先に述べたような弁論のあり方に批判が多いこともたしかだ。書面交換の場と化した口頭弁論にわざわざ他府県から行くことになったら、当事者や代理人はたまったものではない。また、こうした弁論を繰り返し、争点が十分に把握されないままに漫然と人証調べを数期日にわたって繰り返すいわゆる五月雨型審理により、一層の裁判の長期化がもたらされるといった弊害はかねてから指摘されてきたところである。

そこで、ちょうど私が民事裁判の修習に入った一九九八年から施行された新民事訴訟法は、形骸化した弁論をできるだけ回避すべく新しい争点整理手続を創設した。そして、そこで煮詰められた争点に基づき少ない期日に集中して証拠調べを行うことを訴訟手続の基本とすることとしたのである。また、その争点整理手続の一部には場合によっては裁判所に出頭しなくていい電話会議システムも導入された。

この点について、東京地裁などの大規模庁では、新民事訴訟法の精神をともかく人証調べを省略し、審理の迅速化を図ることだと思いこんでいる裁判官もいると、そちらで修習した修習生から聞いたことがある。しかし、新民事訴訟法における集中証拠調べは、争点の整理に関する裁判官と双方の当事者またはその代理人の共通の理解のもとに、審理の迅速のみならず審理の適正を図ることを意図して採用されたものである。このことを忘れてはならない。

だが、新民事訴訟法の運用のもとで、口頭弁論はどこへ行ってしまうのか。集中証拠調べは口頭弁論期日に行われるが、そのときになされるのは証人尋問であって、一般にイメージされる弁論とはやはり違うものだろう。

そもそも、口頭主義が民事訴訟法の原則として採用されているのは、公開主義（憲法八二条）と関係があると考えられる。すなわち、公開の法廷における口頭での主張展開により、裁判を当事者や一般国民にわかりやすいものとし、これを身近なものとしうるし、その批判にさらして適正化を図ることができるのである。さらに、口頭で主張を展開することは、裁判官および代理人に対して事件への理解を深めさせる効果を持っている。また、裁判官が直接主張を聞いて心証を形成できる点で、直接主義（二四九条）にもつながってくる。

しかし、前述のとおり、すべての場面でこの口頭主義を実質化するのは実際的でない。刑事事件では、口頭主義に基づき、基本的な書面は必ず朗読されるが、そこまで時間をかけなくてもいいのではないかと思える場面もないではない。

この口頭主義の実質化が適当と思われる場面としては、大規模訴訟に関しては準備的口頭弁論と言われる争点整理手続があるが、一般的な事件に関しては、弁論準備手続の結果陳述（一七三条）があげられると私は思う。

弁論準備手続の結果の陳述とは？

私は民事裁判修習中、弁論準備手続の結果の陳述について考えさせられる次のような場面に遭遇した。そのとき、私は、法壇の裁判官の脇に座り、本人尋問による証拠調べが開始されるのを待ち受けていた。

書記官が事件名を読み上げ、口頭弁論が開始された。

その冒頭、裁判官は、弁論を更新しますと述べたうえで原告被告両代理人に対して、弁論準備の結果陳述を指示した。

代理人は、双方とも、なにを要求されているのかわからない様子であった。

弁論準備の結果、浮き彫りになった争点に関し、立証したい事項は何か、と裁判官が問い直しても、原告代理人は、本件の経過および原告主張事実全般ということ以上言わなかったように私は記憶している。

被告代理人は、それに加えて、当初予定された時間では本件の複雑さからすると短すぎるので、尋問の時間を延長してもらいたいと述べた。

これに対し、裁判官は、尋問の時間は弁論準備手続において整理された争点に関する立証計画を元に決められているものだから、これを尋問の当日になって変更するようでは弁論準備手続が無意味化してしまうこと、それでは整理された争点に関して集中的に証拠調べを行い、もって審理の適正と迅速化を図るという新民事訴訟法の趣旨を没却することになることを説いた。

重ねて、裁判官は、自分はこの四月に異動できたため、弁論準備手続の内容を十分把握していないが、以前の裁判官はどのような争点整理に基づいて尋問時間を定めたのかと尋ねた。

被告代理人は、争点との関連よりも、裁判官にともかく時間を短くしてくれと言われてこのような時間配分となったと答えた。

裁判官は、これでは争点に絞った集中証拠調べができないと判断して、予定された本人尋問を取りやめ、次回に弁論準備手続を行い、そのうえで改めて証拠調べを行うことを提案した。

双方代理人は、これに同意し、次回期日指定の後に閉廷した。今日の尋問の準備をして法廷に臨んだと思われる原告被告本人は、いずれもなにがなんだかわからない様子であった。

＊

弁論準備手続は、新民事訴訟法が創設した新しい争点整理手続のうち、もっとも汎用性の高い手続とされている。この手続は、狭い準備手続室で双方当事者ないし代理人がテーブルを囲み膝を突き合わせて率直な意見交換をするものだからである。そして、事件によっては傍聴人には聞かれたくないプライバシーに関わるような事情まで出し合って実質的に討論をすることになるため、公開とはせず、一定の範囲で傍聴を許可する制度となった。

そこで、公開主義の要請に応えるために、「当事者は、口頭弁論において、弁論準備手続の結果を陳述しなければならない」（一七三条）と新民事訴訟法に規定されたのである。

この弁論準備手続の結果陳述は、その後の証拠調べによって証明すべき事実を明らかにして行うこととなり（新民事訴訟規則八九条）、結果陳述の実質化が図られた。

結果陳述は、弁論準備手続によって整理された争点についての陳述であるから、関係者や傍聴人にとってもわかりやすいまとまった陳述が可能である。

さらに、新民事訴訟規則は、争点整理終了後の最初の口頭弁論期日において、直ちに証拠調べをすることができるようにしなければならないと規定しているから（一〇一条）、尋問する者および関係者が全員集まっている中で、事案の骨格とこれから立証しようとすることを説明することになる。

以上からすれば、弁論準備手続の結果陳述は、口頭主義を実践するのに適した場面であるといえよう。

実際、アメリカでも、争点整理手続の後に当事者代理人双方が法廷で争点についての主張を出し合ってから尋問にはいるといった運用がなされているそうである。

このような理解を前提にして考えると、先にあげた私が遭遇した事例では、裁判官の訴訟指揮はやや強引であるが、新民事訴訟法の精神と称してともかく審理促進を図る裁判官もいるなかで、裁判の期日が多少延びても口頭主義の実質化と争点の把握にじっくり取り組もうとする姿勢は評価できるのではないだろうか。また、弁護士としても、このような新しい制度の趣旨を理解し、これを生かせるよう、勉強に努めなければならないと感じた。

裁判官の増員が重要

この裁判官も含め、私が出会った名古屋の裁判官は、皆、その能力を最大限発揮して一生懸命事件の迅速かつ適正な処理に努めていた。しかし、毎日、ふろしき残業をしているベテランの裁判官や、毎晩、カロリーメイトやカップ焼きそばを食べながら夜九時ごろまで働いている若手の裁判官を見るにつけ、それは個人の努力に負うところがあまりに多いように思えた。

「口頭主義の形骸化」が生じた原因の一つである裁判官の人数に比しての事件数の負担という問題が解消されていない現状では、特に名古屋以上の大規模庁である東京や大阪では裁判の適正が置き去りにされ迅速化のみが進みかねないことは容易に予想がつく。

新民事訴訟法による裁判の改革、とりわけ、当事者・一般国民にわかりやすい裁判の実現には、裁判官の増員が重要となっている。そのことを痛感した民事裁判修習であった。

8　民事裁判修習②

裁判官の仕事と裁判の内情

普段は決して見ることのできない「裁判官室」での裁判官の仕事。
修習生が、民事裁判の内情と修習への取組み姿勢を語る。

民裁修習とは

大阪での民裁修習は、記録読み→法廷傍聴→判決起案の繰り返し。他にいろいろな行事や見学等もあるが、ほとんどの時間を裁判官室か法廷（ないしは弁論準備室）で過ごすことになる。

つまり、裁判官と同じような仕事を、時間は短く（午前九時半から午後五時まで。裁判官は夜遅くまで仕事をし、また、記録を家に持ち帰って仕事をしている）、したがって仕事量は少なく（四カ月の間で五件くらい）、しかも法廷では受動的に（しかし当事者がこちらを見て話をしたりすると、ついつい相づちを打ったりしてしまう）、なおかつ、仕事の結果については責任を負わずに（修習をきっちり行うことについて責任があることはもちろんである）、裁判官の指導を受けながら（この指導は本当に懇切丁寧で、まるで少年審判の理想をみるようである）、行うことになるのである。

私の場合は、三方を裁判官席に囲まれた「島」のような席で、何をしていても「ばれる」という緊張感のなか、ときには息の詰まるような静寂に耐え、ときには自己の遅筆を呪い、またときには、法曹の常識に属するような知識の欠如を、隣に座っている修習生とのひそひそ話で補いながら、そしてときには、そのひそひそ話を聞き取った裁判官から、大きな声で懇切丁寧な説明を受けながら、なんとか民裁修習を終えた。

裁判修習の特徴

裁判修習の特徴は、言うまでもなく判断者の立場に立つことにある。たとえていうなら、スポーツでいうプレイヤーに対するアンパイヤーの地位に立つことである。ただ、事実の認定という点でいえば、アンパイヤーは、自己の直接体験した事実を、自己の認識能力に依拠して認定するのに対し、裁判官は、自己の直接体験しない事実を、証拠に基づき、その解釈能力に依拠して認定ないし推認する点で大きく異なる。すなわち、アンパイヤーの判断は直接的・直感的であるのに対し、裁判官の判断は、間接的・検証的といえるのである。この両者の相違から、裁判官の事実認定は、証拠によって制限されたものであり、かつ、個々の裁判官の証拠の解釈能力に大きく依拠することがわかる（ただし、アンパイヤーの認定の方が正確と一概にいえるわけではない。また、事実認定をルールないし法令にあてはめる作業については、両者でそう変わるわけではない)。

ただ、民裁修習の場合には、さらに以下の考慮が必要である。まず第一に、裁判では主張立証責任が分配されており、民事の場合にはそれが場面ごとに異なるという点である。この点、刑事の場合は、一般に検察官が主張立証責任を負うので、前述のアンパイヤーと同様、犯罪事実を認定できない限り、事実はなかったものと扱われることと異なる。そこで、真偽不明の場合はどのような判断をすべきかという点についての理解が必要となる。第二に、形式的真実主義からくる制約である。要件事実について自白した場合には、その事実は存在するものとみなされ、裁判所もこれに拘束されるので、自白があればその真偽を問わず自白どおりの事実認定をすることになる。そこで、修習にあたっては、当事者の争いのない主張が真実を歪める可能性について十分顧慮する必要がある。

以上のように、裁判修習においては、判断者の立場に立つということがもっとも特徴的なのであるから、判決書の書き方などの技術習得に重きをおくのではなく、判断者の立場で事件の中身に深く入り込み、多くの制約があるなかで事実は何かを突き詰めて考えることが有益だと思われる。

民裁修習で感じたこと

以上を踏まえて(といってはかなり語弊があるが)民裁修習で感じたことおよび修習生がとるべき態度についての感想を述べる。

裁判官の事実認定能力について

裁判官は、法解釈については一定の研鑽も積み、事柄に精通しているといえる（もちろん、いくとおりもある法解釈の中の一つの立場である最高裁判例を中心とする裁判所の法解釈ではあるが）。では事実認定についてはどうであろうか。この点、裁判官は、司法研修所での研修や実務に入った後の幾多の事件解決を通じて、事実認定の正確性という点について能力を磨いていると思われるかもしれない。しかし、裁判官が修練しているのは、裁判官がどのような証拠関係の場合にどのような事実認定をするのかという「相場」にすぎないのであって、事実認定の正確性についてではない。それぞれに特殊である個々の事件について、本当に信用できる証拠を取捨選択して、合理的な経験則に基づいて事実認定がされているといえるか否かについては、これを客観的に検証する手段もなく、依然藪の中という場合が多いのである。

たとえば、建物建築請負金の請求訴訟において、原告から見積書や交渉メモが提出され、被告からも手書きのメモや欠陥個所だとする写真が提出されてきたとき、裁判官はそれらを総合して「相場」に基づき事実認定をすることになる。この場合に客観証拠をとりわけ重視し、あとは立証責任を厳格に割り振って判断するとすれば、認定はあるいは簡単といえるかもしれない。しかし、取引経過や事実経過において証拠を残すことに不慣れなわが国において、客観証拠がない以上不利益に判断されてもやむをえないと判断するのはあまりに酷である。そこで、裁判官は、数少ない客観証拠や対立する供述証拠から、経験則に基づいた合理的な判断をするほかなくなるが、この経験則というのは、実際に類似事例を体験した者しか語り難いものであるし、また、経験則には特殊な例外が常につきまとうので、検証的でない経験的直感的判断が不可欠となるのである。

この点、本当のところは当事者しかわからないのであり、裁判システムを用いて第三者の判断に委ねる以上、真実との乖離は当然さけられないとはいえる。しかし、そうではあっても、裁判官という特殊な部分社会で生きている人々が考える「経験則」というのはかなり偏狭なものであり、一般の事件の周辺で生きている人々の持つ経験的判断よりも合理的で優れたものとはとてもいえないのである。事件を多く担当し、当事者の意見等に接すれば経験の幅も広がるのではないかとの疑問も生ずるかもしれないが、経験的直感的判断は、やはりさまざまな実地の経験によらなければ身につかないものであり、裁判所に現れる証拠から形作られる「経験」は「再伝聞」の危険を常に免れないのである。具体的に、修習中に体験した事件のなかで悩んだのは、前述の請負の場合に交渉がどのように行われるのか（合意はどのように形成されるのか）、書面にはどのような事項がどの程度記載されるのかという点や、援助交際の際のお金の受け渡しはどのように行われるのか、などである。

したがって、裁判修習において、事実認定をなすにあたっては、できるだけ当事者の立場に立って、当事者が、問題となっている特殊な状況のもとで、両当事者間の力関係においてどのような言動をするかについて、よくよく考えるべきである。たとえば、重要な交渉内容であれば当然書面にしているはずだとか、このような証拠があれば当然支払をしているはずだとか、ほとんど一部の特殊な「合理的」人の間でしか通用しないような「経験則」をもって当事者の主張を両断してしまわないで、当事者の訴えに真摯に耳を傾け、書面にことさらに偏重せず、証拠を自己の直感的判断により解釈して事実は何かを探求すべきである。

また、その前提として自己の経験の幅を広げ、感性を磨き、普通の人々の「経験則」「相場」をできるだけ身につけるために、社会に生起するさまざまな事象に精通することが必要である（この点は、私がもっとも欠点としているところである）。そして、この経験とは、ただ盛り場を渡り歩くとか、競馬・パチンコにはまってみるとか、海外旅行に行くというような、裁判官をはじめとする普通の法曹が行っていることよりも、法曹が通常関わらないこと、たとえば、被疑者・被告人・受刑者になるとか、サラ金でお金を借り返済できないような生活状況になるとか、経営者になって資金繰りに奔走するとか、労働者となって解雇される状況に追い込まれるとか、生活保護を申請するとか、精神病院に入れられるとか、覚せい剤中毒になってみるとか、男なら女、女なら男になってみるとか、外国人となって日本で生活するとか、交通事故に遭ってみるとか、そういったものであることが必要だろう。もちろんこれらは実現不可能か著しく困難なものも含まれるので、その場合にはこれらの体験をした人の話を聞くとか（権力者としてではなく、これらの人の隣人として話を聞かなければ意味がない）、関係する施設や現場に実際に行くとか（施設・現場の管理者の立場ではなく、管理される側の立場で見聞しなければ意味がない）して、擬似体験をするほかない。

関係者の連携の大切さを認識

次に、当然のことであるが、裁判所の仕事は裁判所職員および関係者の総体によって成り立っているものであり、裁判官の仕事はその一部（重要な部分であるが）にすぎないという点である。事件に対する判断においても、その過程では、当事者が用意する準備書面が参考とされることはもちろん、証人尋問の問の内容を正しく再現する速記官や判決の形式面や明白な誤謬について指摘する書記官の行為などが介在しており、これらの行為なしには裁判官の判断は完結しない。逆に言えば、これら関係者の行為により判断の内容は自ずと決まってくるといえるのである（もちろんこのような法則を無視する判決がでることもありうるが）。

したがって、裁判修習においては、このような関係者の連携と行動に注意して、その働きの大切さを認識することが重要である。

当事者が十分納得できる判決理由

さらに、民事訴訟において、紛争解決とは何かということである。裁判所は単に当事者の勝敗を決する機関ではなく、紛争を解決する機関である。単にいくらの債権があるから、同額の判決をすればそれで足りるというものではない。権利が認められるとしても真の紛争解決のためには和解等の方法による方がよい場合もありうるし（裁判制度に多くを求めることはできないが、裁判制度が柔軟に機能しないならば、ほとんど意味のないものになるだろう）、判決するにしてもその理由は当事者が十分納得できるものであり、かつ、当事者の心情に十分配慮したものであることが必要であろう。また、裁判手続は新たな紛争を生じさせるものであってはならないのであって、当事者に対する対応の丁寧さや誠実さ、裁判の迅速・手続の公平についても意を払う必要があるだろう。

したがって、裁判修習においては、単に権利の存否、訴訟の勝敗のみに目を奪われることなく、紛争を解決するには何が必要かという観点で事件を検討することが必要である。また、修習においては、決して当事者を上から見下ろすような態度をとったり、当事者に失礼な態度をとったりすることは避けなければならない。ことに傍聴中の居眠りは最低の行為だろう。

以上のような諸点を考慮に入れながら、実務を鵜呑みにせず、何でも批判的に検討してこそ、充実した修習ができると思われる。

9　刑事裁判修習

お食事中の人、寝る前の人は読まないでください

刑事裁判修習のカリキュラムは、法廷傍聴、判決起案、合議参加が主なものです。

法廷で、犯罪を犯した動機を聞いていると十人十色。いかに私たちが幸せな生活をしているかを考えさせられた。

刑事裁判修習の妙味

「刑事裁判は社会の現状を反映している」と言った裁判官がいましたが、法廷傍聴をしていると本当にそれがよくわかります。私は名古屋で修習しましたが、傍聴する度に少なくとも一件（多いときには八件中五～六件）は覚せい剤取締法違反の事件がありますし、法廷通訳が入る事件を見ることも珍しくはありません。また犯罪を犯した動機を聞いていると十人十色で、いかに私たちが幸せな生活をしているかを考えさせられることもあります。

合議（裁判官が互いに議論することによって判決の結論を築いていく過程）に参加できることも、非常にいい勉強になります。部によって合議の仕方は異なりますが、それはやはり裁判長（私たちは普通「部長」と読んでいます。なんか会社みたいですが、実際にもヒエラルヒー社会です）のカラーによるようです。私はお願いして、二つの部の合議に参加させてもらいましたが、合議にかける時間、合議の内容などがいかに部によって異なるかを実感できました。あの感じだと、どの部に事件が係属するかで判決の結果にも影響することがないとはいえないと思います。これは、被告人にしてみれば切実な問題です。

実際の事件——生々しくて恐ろしい

さて、判決起案についてはまだ説明をしていませんでしたが、これは修習生がまさに裁判官の立場から判決全文を作成して、その作成したものを裁判官に添削していただくという修習です。

私が起案した事件の一つをお話ししようと思います。

事案は、強盗殺人および死体遺棄の共犯事件（一名については銃刀法違反もあり）で、ショーパブの人材派遣に関する被告人のうちの一名と被害者とのもめ事が発端となって、被告人両名が被害者の首をネクタイで絞めて殺害し、その後衣装ケースに死体を入れてあちこち運び、最後には衣装ケースごと海に投げ捨てたという事件です。

最初この事件が割り当てられたときは、たとえ死体の写真を見なくてはならないことになったとしても、弁護修習中も殺人事件に関わったことがあったので、もう見るのは慣れているから大丈夫だろうと思っていたのですが、いざ記録を見始めると愕然としてしまいました。夏の暑い日に事件が起こっており、死体を放置する場所を何度も変えているので、死体の腐敗がすごいのです。記録をめくっているうちに、信じられないような光景が目に入ると反射的に思わず記録を閉じてしまって、以来三日間くらい写真を見ることはできませんでした。四日目に、被害者の無念さは写真を見なければわからないと考え、ついに写真を見る決意をしました。その時の怖さといったら、ホラー映画以上のものです。写真の順番が、衣装ケースの外を包んでいるカーテン（これが数枚に渡るのですが……）を一枚一枚はがすように連なっているので、サスペンスのような怖さがあります。何枚も写真を見ていくと、ついにケースのふたを開けるところにさしかかり、またしばらく戸惑っていました。隣に座っている修習生が私のことを面白おかしくからかいますが、本当に恐いのです。しかし、今日は見ることに決意したのだからと、「えい」と記録をめくってみると、無惨に変わり果てた人間がケースの中で足を抱えるような姿勢で座っている光景が目に焼き付きました。さらに何枚もめくっていくと、痛々しいとともに（被害者の方には申し訳ありませんが）気持ち悪い光景が数多く見られました。腐敗が進んでいたため、ウジ虫が死体に繁殖し、目はウジ虫に食べ尽くされ、体の肉もところどころウジ虫に食べ尽くされているのです。これ以上話すと気分を悪くする方がいらっしゃると思いますので、この程度に……。

合議、そして判決起案へ

さて、写真を見るのに時間をかけている場合ではなく、事件の結審の日を間近にして合議メモを作成しなければならない締切りが迫っていました。共犯事件で重大事件ということもあり、調書も多く、裏付け捜査もいろいろ行われていましたので、記録が一〇分冊にも渡っていて、記録を丁寧に読むのに正味一週間くらいかかりました。合議メモというのは、裁判官との合議をするのに備えて修習生が事件の事実認定上、法律適用上の問題点をレジュメの形で作成したものです。何とか合議メモの作成を間に合わせ、合議の当日にはその説明をして、それぞれの問題点について裁判官と修習生とで話し合います。

この事件は被告人両名とも犯行を認めていたためあまり問題点はなく、量刑について修習生の一部と裁判官とでもめたというのが最大の問題点でした。被告人のうち一名につき、私や三人の裁判官は、けん銃を発射して被害者を脅していること、被害者を死の恐怖に陥れながらいたぶるようにして殺していること、死体をあちこち引きずり回していることなど、悪い情状がかなり認められることから酌量減刑（情状を酌み取って刑を軽くすること）することはできず、法定刑の軽い方である無期懲役が妥当だという考えでしたが、他の二人の修習生は、人材派遣に関して被害者から騙されたような面（被害者の落ち度）も認められ、情状酌量の余地があることを理由に酌量減刑して懲役一五年くらいとするのが相当ではないかと言っていました。結局裁判官全員が一致していることもあり、無期懲役の判決を起案することになりました（ちなみに、もう一名の被告人については、主犯の被告人に手足のように利用されたという情状が考慮され、懲役一二年が妥当だという結論になりました）。

裁判官は、「無期懲役の判決などなかなか書けないから君は運が良かったんだ」というようなことを言っていましたが、先ほども申し上げたとおり記録が一〇分冊もあり、そのうえ、共犯事件で、被告人両名とも強盗殺人の他に死体遺棄も犯しているので、証拠を整理するのにかなり手間がかかりました。さらに、犯行に至る経緯、罪となるべき事実、判決理由（情状）を書くのにも非常に苦労しました。弁護修習をしていたときの指導弁護士の方が、「各修習中、一つは本当に力を入れて取り組むべき事件を見つけなさい」というようなことを言っていましたが、今紹介している事件が私にとってまさにその事件となりました。実際のところ、何度も何度も判決を書いては見直し、訂正していましたし、刑裁修習の終わりがけに見学旅行があったのですが、その見学旅行先に行くバスの中でさえ起案した判決をチェックするような真剣な取り組みようでした。頑張ったぶん、自分でも納得のいく判決が起案できたと思いますし、裁判官からもよく頑張ったとお褒めの言葉をいただきました。記録を見たときは怖さや気持ち悪さがあって運が悪かったなあと思いましたが、今となってはこの事件に関わることができて本当にいい勉強になったと思います。

その他の事件――量刑についての一考察

強姦事件はわりとよくあるようです。私は担当しませんでしたが、同じ部の他の修習生二名はそれぞれ一件ずつ起案しました。

巷間よく言われていることですが、一般的に強姦事件の量刑は軽い傾向にあります。私自身以前からそのような話を見聞きして腹立たしく思っていたのですが、実際に事件に遭遇すると頭で思っていた以上に納得がいきませんでした。

もちろん、刑罰は戒めのためのみにあるのではなく教育のためにもあると思いますし、被告人の社会復帰という点も十分考えなければなりません。ですから、一概に重い刑を科すのがいいことかというとそうではないとは思います。しかし、強姦事件一般の量刑がそれほど高くないということになると、犯罪を抑制するという見地からは問題だと思います。

実際に私が合議に参加した事件でも、女性に対して人格を無視したかなりひどいことをやっているのですが、結局従来の量刑相場にのっとった判決となってしまいました。実際に記録を見ているだけに、被害者の女性の気持ちを考えると非常に不満でした。

このように強姦罪の量刑が軽い傾向にある原因はいくつか言われていますが、私は次の点にあると思います。つまり、裁判官に女性が少ないこと、その結果として男性の裁判官が多い中で作られた量刑相場があること、裁判官が一般的に量刑相場をかなり重視していることです。私はこれらが相互に絡み合って現在の量刑の傾向を作り上げていると思いますが、一番問題な点は最後の点だと思います。裁判官が量刑相場を重視することは、日本でどこにいても同じような有利・不利な情状を有する被告人に対して同じ判決を下すということに貢献することになりますから、必ずしも悪いことではありません。しかし、あまりに重視しすぎると、柔軟性を失いその量刑相場の問題点を疑うことなしに盲目的に従うことになってしまいますし、事件の特殊性を十分考慮することができないことになってしまいます。この後述べることともかかわりますが、日本の司法なかんずく裁判所には、やはり柔軟性、従来の制度からの脱却、改革を受け容れる姿勢が必要だと思います。

裁判官像についての一考察——これでいいのか日本の司法

事件にもいろいろな種類のものがありますが、裁判官にもいろいろな人がいます。人の意見に耳を傾ける裁判官、決めつけが激しい裁判官、一所懸命準備をする裁判官、なるべく早く仕事を切り上げる裁判官、自分の意見をしっかり主張する裁判官、部長の顔色を窺う裁判官……いろいろな裁判官がいます。

ここでは、私自身はこれら一人一人の人格についてとやかく言いたくはありませんが、一番言いたいことは、「裁判官の独立」についてです。憲法上明らかに裁判官の独立が保障されているのですから、裁判官の間に上下関係があってはいけないと思います。それなのに、実際には、どの部においても期

（司法研修所を卒業した時期）の順に部長、右陪席、左陪席となっています。憲法の精神からして、部長が一番偉いという発想はやめなければならないと思います。この点どうも徹底できていないようなので、そもそも部長を頂点とした制度をなくす必要があると思います。長年裁判官をやっているから正しい事実認定ができるとは必ずしも言えないので、部長を頂点とした制度をやめてもまったく問題はないでしょう。むしろ柔軟で正しい事実認定ができるでしょう。それとともに、裁判官の出世の仕方（上に従順な者はちゃんと出世できるが、そうでないと……）も是非とも改めてほしい問題点です。そうでなければ、そもそも制度的に、裁判官は自由に意見を言えません。司法研修所で裁判官を志望している人を見ていてもそう思いますが、寺西和史裁判官のように自分の意見をいう人はきわめてまれであるということ、現状のままでは日本の司法に明るい未来はないということをこの機会に多くのみなさんに認識してもらいたいと思います。

10 家裁修習①

知恵を出し合って、少年の処遇を模索

少年の将来を真剣に考え、悩み、迷って決められる審判結果。しかし、それ以上に大切なのは「審判後」である。三つの事件から考えたこと。

A君の審判

「君には、少年院に行ってもらいます」

そう言い渡したとき、A君の顔はみるみるうちに真っ赤になったそうだ。少年の後ろの方からしか審判を傍聴できない私たち修習生にはA君の表情の変化はわからないが、あとで裁判官に聞くと襲われるような恐怖を感じたそうである。

A君は二〇件以上の恐喝・強盗をしていた。強盗といっても「たかり」に近い。刑事裁判なら恐喝か強盗か微妙なところである。家族は両親とも揃っていて、兄弟・祖父母と同居のごく一般的な家庭である。中学の時は野球部で頑張っていたが、高校に入って急に非行が進み、中退後、喫煙・深夜徘徊で繰り返し補導されていた。中退後二年勤めた職場は最近やめた。恐喝は自分自身が先輩にたかられて始めたらしく、A君の親は悪い友だちとつき合っていたのが原因だと感じているようだ。

この審判をした裁判官はカンファレンスを入念に行う。カンファレンスとは、調査官が少年の資質や環境について調査した結果に基づいて、調査官と裁判官で少年の処遇について話し合うものである。家庭裁判所には家庭裁判所調査官という人がいて、本人や家族と面談したり学校や職場から資料を取り寄せたりして少年の非行に至るまでの経歴・家庭環境・地域環境・交友関係などを調査する。少年のなかには鑑別所に送られる者もいる。鑑別所は、本来、悪いことをした人を入れる刑務所のような所ではなく、心理学的手法を用いたり鑑別所での生活態度を観察したりして少年の性格などを調査する所である。付添人（弁護士が多い）がついている場合には、付添人が今後の生活場所や雇い主を探してくることもある。調査官は、これらの鑑別所の意見や付添人の意見も参考にしたうえで処遇意見をまとめる。それを基に裁判官と調査官が少年にとってどのような処遇がベターかを話し合うのである。

A君は、先輩にたかられ、親にも見放されていると感じて非行に走ったようだった。だが、親子関係にはその後好転の兆しが見られ、職場復帰も見込めた。カンファレンスの様子を窺う限りでは、場合によっては試験観察（処分を保留してしばらく様子を見るもの）も可能と思われた。

審判が始まった。この裁判官は少年に考えさせるような質問をする。たとえば、「なぜこんな事をしたと思いますか」という問いに、少年が「未熟だったと思います」と模範解答をすると、さらに「未熟って何ですか」「大人でないということです」「大人って何ですか」……と禅問答のように続く。しかしこのように問いかけることで、模範解答だけ用意してきて何も考えていなかった少年はすぐに言葉に詰まってしまうし、逆に多少表現力がなくても深く考えている少年は自分の言葉で何とか答えようとするので、少年がどれだけ自分のした行為や自分の将来を考えているのかわかりやすい。

A君は、頭の回転が速いのか、どのような裁判官の問いにも即座にてきぱきと答え、かつ、誰かの受け売りでなく自分で考えて答えているように思えた。だがそれだけに言葉の端々に「○○の誘いを断っていれば」「△△にたかられても金を渡さなければ」と被害者意識の本音がにじみ出ていた。「両親は立派な人です」と言い切ったのが空々しく感じた。

A君は「せっかく真面目になろうと思っているのに、なぜわかってくれないんだ」と思って怒りがこみ上げたのかもしれない。「真面目そうに答えれば少年院に行かずに済むと聞いていたのに、俺の答えのどこが間違っているんだ」と思ったのかもしれない。少年の怒りの真相はわからない。怒りは方向さえ間違えなければむしろ必要なものとも思うが、A君が被害者意識しか持てないまま社会に戻ってもうまくいかないような気がした。

B君の審判

B君は覚せい剤使用で捕まった。

Ｂ君の家庭は母子家庭であり、生活保護を受けていて、Ｂ君は貧困のため進学をあきらめた。母親自身、高校を中退し補導歴もあるが、子供を産んでからは女手一つで四人の子どもを育てるため一生懸命働いてきた。それなのに万引等で補導を繰り返し、ついには覚せい剤にまで手を出してしまった子に「キレた」ようだった。審判では、Ｂ君の監督ができるか尋ねる裁判官に対し、かたくなな態度で「これ以上できません」と言い放った。自分は働いて養うので精一杯なのにこれ以上何をしろというのか、と言いたげだった。

Ｂ君は母親にそこまで言われても怒るわけでも泣くわけでもない。反抗的でもなく、自暴自棄になっているようでもなく、「のれんに腕押し」という感じでつかみどころがない。少年院送致をどう受け止めたのだろう。

この親子に何かよいきっかけはないのだろうか……。

Ｃ君の審判

Ｃ君は、彼女に二股をかけられていたのに怒り、相手の男に自分の友だちと一緒になって暴行をはたらき、怪我を負わせた。といっても軽い怪我である。

警察と鑑別所と調査官は、処遇意見がすべて違っていた。審判で裁判官がどのような質問をし、Ｃ君がどのように答えるのか、自分ならＣ君にどんな質問をしようか、いろいろ考えながら審判に臨んだ。

しかし、この裁判官は事実関係の質問に終始した。C君は警察でしゃべったのと同じことを淡々としゃべるだけだった。C君は保護観察（少年院に入れず、社会の中で保護司などから指導・援助を受ける処分）になった。

C君は彼女が本当に好きだったのだろう。好きな人に他につきあっている人がいると聞けば私だって頭に血が上る。この時彼女と相手の男性どちらに怒りの矛先が向かうかはともかく、暴力に結びつく人とそうでない人はどこで違ってくるのか、なぜ暴力に訴えてしまったのか。そのことは考えても無駄なのか、考える必要があるのか。

事案が軽いというだけで、「保護観察にして終わり」というのでは何のための審判か。

「キレる」ことなく

たまたま後味の良くないものばかりになってしまったが、もちろん良いものもある。

迷った末に少年の審判での態度を見て保護観察にしたもの、雇い主が現れたことで少年にやる気が見え始めそれに賭ける思いで試験観察にしたものは、思わず後ろから頑張れと声をかけたくなる。

しかし、それが成功例で右の三人が失敗例と単純に言いたくない。彼らが更生できるのかどうか、一〇年後どうなっているか誰にもわからないのである。ドラマと違って彼らはまだ何十年も実際に生きていくわけであり、審判が終わってエンドではない。短い時間の審判だけを見て後味が良い悪いなどと思っているのは、たった一週間の修習の中で、審判だけをのぞき見する修習生だけかもしれない。裁判官や調査官、付添人はこれからの彼らのことを思うと期待と不安の入り混じった複雑な気持ちなのだろう。ある裁判官は「今は何も感じなくても、ずっとあとになって審判の時の自分や少年自身の言葉の意味を感じ取ってくれることがあればと思ってやっている」と言っていた。付添人の中には少年院に行った少年に会いに行ったり、雇い主に少年の近況を聞いたり、少年が相談に来ればとことんそれに応えようとしている人もいる。本当に大事なのは審判のあとなのである。

たしかに、少年審判にも改善すべき点はいくらでもある。しかし、少年審判は、検察官の証拠をチェックして過去の行為を確定し、それに量刑相場を機械的にあてはめて、「はい、事件処理終了」の感のある刑事裁判とは似ても似つかない。いろいろ知恵を出し合って、少年が更生するのにどのようにしたらよいか、将来のことであるから客観的に正しい答えがないことを承知のうえで、真剣に考え、悩み、迷って当面の処遇を模索している、裁判官・調査官・鑑別所職員・付添人・協力者（雇い主など）といった大人たちがいる。すべての人とは言わないが、まだ「キレる」ことなく頑張っている大人たちもいるのである。

私も「キレる」ことなく少年に関わり続ける大人になりたい。

11 家裁修習②

裁判官と議論するなかで学んだもの

実務修習最後に家裁修習に入った。家事部では、「夫婦関係調整の調停」があることをはじめて知った。少年部ではバイク盗事件を解決した裁判官の采配に関心させられた。どれも生々しい人間の営みの中で発生するトラブルであった。

原点

家庭裁判所での修習は実務修習最後のクール、後期修習の直前だった。ずっと楽しみにしていた。家族の問題、夫婦や親子関係のこじれ、少年の非行……、こういった身近な問題の解決に役立ちたいというのが、司法試験を目指した原点だったのだから。

離婚や相続の事件を嫌う弁護士も多い。当事者が感情的になって互いの、特に家族の悪口ばかり言い合うのを聞くのが耐えられないのだろう。自分自身、実際見てみたら嫌になるかもしれない……。また家裁調査官という仕事があるそうだが、某漫画にでてくるようないい方ばかりではないと聞く。実際のところどうなんだろう……。

家裁修習は、たったの三週間。はじめの二、三日は講義を聴くのに明け暮れ、早く調停や審判が見たくてやきもきした。

2　ある「夫調」（家事部）

早速入ったのが、夫婦関係調整の調停、第一回期日。「夫婦関係調整の調停」なんてものがあることを、実務修習に入るまで知らなかった。ようするに、夫婦間で問題があったら、この調停を申し立てればよい。離婚する意思でも、よりを戻したい場合でも、どちらでもよい。離婚するしかない、離婚するなら養育費、扶養料、慰謝料、子どもの親権、財産分与……。すべてを決めることができる。決めるも決めないも当事者次第なので、「不調」に終わるものも残念ながら多い。

私が最初に見せてもらった「夫調（ふうちょう）」は、離婚したい妻が申立人で、夫の暴力のおそれがあるとして、調査官立会となっていた。通常の夫調では、調査官は関わらない。なにか問題がある、またはありそうな事件だけ立ち会ったり、事前の調査を行ったりする。

現れた若い女性は、夫が仕事につかないこと、暴力、薬物使用（の疑い）について、淡々と語る。薬物に関しては大麻の前科二犯があり、一回は服役もしている（なんと二人が結婚したのは、この二回目の刑事事件の起訴後公判前のことで、新婚早々夫の出所を待ちわびながら姑と二人で暮らす生活だったという。夫についた弁護士にいわれて入籍したらしいが、再度の執行猶予を勝ち取るための弁護方針か……)。最近は覚せい剤を使っているらしい。今まで何度も薬をやめるように言ってきたが、いつも口のうまい夫に丸め込まれてしまう。自分は、夫が薬をやめられるように、いろんな病院や施設を探し回る等かけずりまわってきた。数カ月前、ついに自分自身がそんな生活に疲れ切って、入院した。「共依存」という診断だった。後で調査官が、共依存とは「自己の感情の同定表出が困難、完璧主義、他者の行動や感情に対する過度の責任感、良好な自己認知を保つために常に他者の評価を必要とする等の病理」だと教えてくれた。なるほど。彼女の話とつじつまが合う。「過度の責任感」というのが特にピンとくる。この入院を経て、彼女は自分の中の問題を認識できているようだった。

次に現れた夫。暴力などの問題のあるケースなので、時間をずらして二人を呼びだし、部屋は別々、フロアまで違う部屋を用意しての調停だ。蛍光黄緑のスーツを着て、鼻の下に大きなバンソウコウを貼っている。そして、とにかくよくしゃべる。しかし、自分に都合の悪いことは巧みに避けて通る。「……妻と話し合おうとしても妻はすぐ感情的になるので話にならない。自分は、妻が問題視している点すべてについて、今ではクリアしている。仕事には就いた、暴力はもうしない、子どもの面倒も見ていく、……。妻の方こそ、〝感情的になる病気〟を治してほしい。……」。薬のことは、自分からは一言も触れなかった。

おかしかったのが、調停委員のリアクション。女性一人、男性一人で、お二人ともベテランらしい。

ほとんどの調停委員がそうだが、年齢は五〇代から六〇代、性格は温厚そのもの。実際私などいらいらしながら聞いていた夫の話を、調停委員お二人とも非常に辛抱強く聞いていた。しかし、女性の方は、まったく顔に出ていなかったが、終わってから、「あの人の話を聞いてるといらいらしますね」とのコメント。これに対して男性調停委員、「なかなか実直そうな方とお見受けしました」！！……すっかり口のうまい夫にだまされているらしい。おまけにこの男性調停委員は、妻の方に、せっかく一緒になったんだから、やり直せないか考えてくるように、と再考を促してこの日の調停を締めくくったのであった。

家裁修習は三週間と短く、実質は家事五日間、少年五日間だけなので、この調停の行方はわからない。一応、調停委員の様子を裁判官に報告しておいたが、まだ一回目ということもあって、裁判官は静観するようだった。よほど重要な判断を要する大きな問題が生じたり、調停がまとまるまたは不調に終わるとき以外は、裁判官は調停に顔を出さない。それでも毎日たくさんの調停が同時に各小部屋で行われているので、裁判官は何かと呼び出され、結構忙しいらしい。ちなみに私がついた裁判官は、人柄もよく指導に熱心で、まったく「当たり」だった。指導担当裁判官の事件以外でも、解決困難な児童虐待事件の記録なども見せてもらったが、事件について裁判官と議論する中で学んだものは大きかった。裁判官の事件や当事者に対する洞察力の深さには恐れ入った。

ほかに、遺骨の引き渡し、親権者の変更、親子関係円満調整、祭祀承継等の各調停、氏の変更、後見人の選任、遺言執行者選任等の各審判、特別養子縁組の家事調査修習を傍聴ないし立会いさせてもらった。どれも生々しい人間の営みの中で発生するトラブルで、特に家族関係のトラブルは予想どおりとても考えさせられた。

バイク盗（少年部）

次に少年部修習に入った。ここでもやはり最初に傍聴した審判がとても印象に残っている。私の指導担当の審判官は、つい最近まで刑事裁判官一筋で来た人。これまで、刑事部で長くやってきた人は少年審判に向かないという評判をよく聞いていたが、実際はどうなんだろう。

少年は、バイク盗で来ていた。少年院歴もある。各施設・機関の処遇意見は少年院長期、保護観察等と分かれている。お父さんも昔は暴走族だったが、その後仕事で成功して今は立派にやっている。このお父さんがかなり怖い人で、少年が三歳の時両親が離婚して以来、少年には甘える相手がいない。今回白昼すぐに見つかりそうなやり方でバイクを盗んだのも、心のどこかに少年院に戻りたい気持ちがあったからだという。少年院で親身になってくれる先生に出会っていたらしい。

さて、審判が始まった。審判官の問に対して、見た目は大人っぽくっても中身はまだ一六歳の子どもである少年は、自分の気持ちを言葉にしたくてもうまくできない。審判官は、かなり厳しい態度で少年に発問していた。そんなに押さえつけたら、話せることも話せなくなってしまう……と心配しながら傍聴した。「お父さんが暴力を振るうったって、腕一本折られたわけじゃないんだろう?」などと言う。

少年は、審判官からの発問に対し、「自分のことがちゃんと理解できなくて……」と口ごもる。

次に少年の隣に座っているスキンヘッドのお父さんに審判官の発問が向けられた。まさに刑事被告人と刑事裁判官の取り合わせに見える。このお父さんは、裸一貫でやってきた自負が強くあるから、ふつうに説教しても聞かないだろう。どうして息子が自分のように頑張れないのか理解できない。審判官はお父さんのそういうプライドに配慮する。「あなたも四〇年生きてきて、そうそう自分のスタイルも変えられないだろうけどね」。

最後に少年のもう一方の隣に座っているお母さんに話しかける。ところがお母さんはぷるぷると唇をふるわせて、まったくしゃべることができない様子だ。前もって調査官が審判官にお願いしていたのは、母親は一〇年以上離れて暮らしている元夫（少年の父）が今でも怖くて、父親の前では話せないから父親に席をはずしてもらってほしいということだった。それを知ってもなお審判官はお母さんに話すよう促した。ついに泣き出しそうになったところで、調査官の進言もあり、父親には席をはずしてもらった。調査官ははらはらしているようだったが、こうすることで、父親も自分の問題に気づけるかもしれないと思った。この母親の様子を見て、少年の目から涙がこぼれていた。父親がいなくなると、母親はしっかりとしゃべりだした。少年が処分を受けた後は、しばらく自分が預かりたいと。

そして、父親が席に戻ってからは、さっきまで少年に厳しくあたっていた審判官が少年に、「肩肘張るな。自立しようと考えるのは大事だけど、まだ子どもなんだから。父と対等に対決しようと思うな、まだ」というと、少年もうなづく。父親には、「この子はいっぱしのことを言っていてもまだ子どもなんだから、もう少し甘えさせてやったら」。父親も苦笑いしながらうなづく。処分は、調査官の意見どおり補導委託による試験観察となった。少年の立ち直りを援助する民間団体や、商店主で少年を雇いながら面倒をみてくれるところなど、補導委託先のリストが家裁にはある。そのなかで特に定評のあるところが、すでに受け入れを決めていた。数カ月の試験観察の後、最終的に処分が決められる。試験観察の間、問題なく過ごせば、不処分となるだろう。

審判官は、家裁の経験がない代わりにそのことの自覚もあるので、かえって現場をよく知る調査官の意見をよく尊重していた。なまじ家裁経験の長い人の方が、調査官と議論になったり、議論になること自体はいいのだろうが、成人の刑事裁判の考え方を押し通すことがあるという。

後で調査官にこの日の審判について質問しに行ったら、審判官の発問の仕方にはとてもハラハラしたとのことだった。もっとちゃんとしゃべれる子なのに、審判ではうまくできていなかった。でも最後の締めくくり方をみると、審判官も引き際を心得ている人だということがわかって安心したと。

他にもいろいろこの調査官に聞いてみると大変勉強になった。専門の訓練を受けていて、かつ多くのケースにあたっている人だけあって、人に対する洞察力が深い。非行をする子どもにもいろんなタイプがあって、自分の個人的な経験だけからいくつかのタイプを想定して子どもをそれに当てはめてしまうのは危険だ。たとえば、今回の少年の場合、私は子どもというのは、友だちと群れて悪いことをし、なかなか友だちに対してそれはいけないよといえずに悪いことをやめられないものだと思っていた。でも調査官は、仲間との連帯感で非行をするタイプ、親への反発でするタイプがあり、はっきり区別できるわけではないが、主にどちらかというのは別れる。この少年の場合後者だ、と見ていた。なるほど。あの少年のしっかりした感じの部分と、それでも非行をやめられない甘えたがりの部分のギャップがなんとなく理解できた。

また、調査官の立場から、付添人に望むことを聞くと、社会資源の開拓をしてほしい、そして何よりも被害弁償をしてほしいとのことだった。被害弁償については調査官も促すが、立場上そう強く言えない、と。「社会資源の開拓」とは、ようするに、施設に入れなくても少年が社会生活の中で更生していけるような条件を整えるということ。具体的には、家族のサポート体制を作る、家族が頼りにならないときは親戚や学校の先生やいろんな人を巻き込んで少年と人との関わりを作っていくということだ。

こういうわけで、想像以上に充実した家裁修習となった。ラッキーにも出会った裁判官、審判官、調査官、どなたも尊敬できる人だった。この紙面で書ききれなかったことも多い。早く弁護士として、また付添人として、実際の事件にあたっていきたいと強く感じる三週間だった。

第3部

法曹三者それぞれの志望者へ

1　裁判官志望者

実務修習で得られたもの

裁判官になる人が、他の二つの職種を経験してどのように感じるのか。当初から裁判官志望だったNさんが感じたこととは何か。

裁判官志望者にとっての実務修習

私は、司法研修所の修習において、実務での修習が最も重要なものであると思っていますので、そのことについて簡単ですが述べていきます。

実務修習は、民事裁判、刑事裁判、弁護、検察の四つの修習をそれぞれ四カ月間（五三期からは三カ月間）行われます。任官希望者にとって裁判修習が大切なのは言うまでもないことですが、弁護・検察修習はさらに大切です。当事者の生の声が聞ける絶好の機会だからです。裁判官になればこうした声が届きにくくなるために、修習中に得た経験が生きてくると私は思います。

検察修習で是非力を入れて欲しいのは、取調修習です。ここでは、取り調べる相手がどういう人間なのか見極めることができなければ、手痛いしっぺ返しを受けます。相手から聞き出すべき内容はきちんと押さえておかなければなりませんが、それだけにとらわれて取調べを進めていくと、相手は思っていることを話してくれなくなります。私の失敗をお話ししましょう。

被疑者は、万引きのおばちゃんでした。通常万引きのおばちゃんは常習犯で、嘘や言い逃れが多いうえに、この被疑者はなかなか出頭してこなかったこともあって、私は取調べにあたって厳しい態度で臨もうと思いました。しかし、この被疑者は、行方不明になった夫を捜し回っていて、万引きもそうしたなかでやけを起こした形でのものだったのです。私は、そうした被疑者の状態に気を配ることもなく、万引き時の行動を細かく高飛車に追及して取調べを行ったものですから、被疑者は腹を立て、「あなたは取調べが下手だ。相手の情をつかんで話さなければならない」等と攻撃してきたのです。私も被疑者のことを全然わかっていなかったので、頭に来てしまい、そこからは売り言葉に買い言葉の大喧嘩になりました（客観的には私が一方的にやられていたらしい）。あげくの果てには、「だんなのことを聞くなんてセクハラだ」「他の人だったら取調べを受けるけど、この人は嫌です」と言われ、「黙秘します」と黙秘権を行使されてしまいました。

そこで、もめていることを聞きつけた指導担当の検事が、私に代わって取調べを行ったのですが、自分の生活を犠牲にしながら夫の行方を捜すそのストイックさに優しく触れると、被疑者はぼろぼろ涙をこぼして語りだしたのです。そして、自分の気持ちを全部話して気が済んだのでしょう、私とも仲直りしてくれました。

私としては、苦い経験でしたが、そのことがこれからきっと活きてくると思います。現に、その後別の事件で、私は被疑者を号泣させて黙っていたことを話してもらうことができました。

検察の取調べ修習以外でも、刑事弁護、民事の法律相談において、当事者の話を聞くことになります。任官志望の私にとって、これらの人を学ぶ修習は本当に貴重なものでした。これらの修習ができたおかげでしょうか、二年間の修習に不満を感じることはありませんでした。これから実務に就きますが、このとき得たものを大切にしていきたいと思っています。

2　裁判官志望者たちの声

「裁判官の条件」とは何か

このところ、ますます難しくなっていると言われる「任官」。同じ修習生として、日頃の修習の際に耳にしていた任官志望者たちのちょっとした考えを筆者なりに理解してQ＆A方式でまとめてみました。もちろん、任官志望者の一般論を述べるつもりではありませんが、普段なかなか伝わりにくい彼らの考えが、少しでも見えてくることに役立てれば幸いです。

裁判所の求める人材

Q：どんな人材を裁判所は求めているのか？

A：

・難しい質問だけど、その要素の一つとして法的知識っていうのは当然あるのでは。

・「でも・しか」判事にはなるなって言われてた。つまり、「裁判官にでもなろうか」「裁判官にしかなれないな」なんて気持ちでなって欲しくないって。

・あるクラスの教官が、「どこからでも（検察庁や法律事務所等）、欲しがられる人」が欲しいんだって言い方してたって、聞いたことがあるな。だから、裁判科目や裁判修習の成績だけよくてもだめだし、他の科目も一生懸命修習しろ、と言ってたって。

・庁内・所内での人間関係、社会での人間関係がうまくできる人。

法廷内だけで力を発揮できるかどうかだけでは、判断できないと思うな。

Q：裁判所内だけでの修習ぶりで、評価されているって感じはしなかったか。

A：

・起案の数だけで評価されていたとは思わない。たとえば、記録検討の姿勢や、庁内での飲み会での態度なんかも見られていたと思う。

・法律の勉強も大事だけど、社会勉強も大切だ、と言われたことがある。

事実認定力につながるんだろうけど、記録を読んでいて、「ここには何か問題があるのではないか」と気づく力が必要なんだろうな。

・裁判官が社会経験してるかどうかっていうのは、自ずと「判決」に表れると思う。たとえば、どんな事案に執行猶予をつけるのか。

任官志望者の修習ぶり

１　任官志望者にとっての後期

Ｑ：後期をどう過ごしたか。また、どう感じたか。

Ａ：

・前期と後期で、雰囲気が全然違った。後期は二回試験が前提で、正直言って重苦しかった。民事弁護は別としても、起案・講評の連続。

・他の志望者（特に弁護士志望）とで、後期修習の意味合いの違いを感じた。

任官志望者にとっては、修習の中で、「集中してやるべきことが一番多い」時期であるのに対して、弁護士志望の人にとっては、「一番自由」な時期。そんなふうに思うのは、教官から言われたっていうよりも、上の期の先輩や、まわりの修習生なんかから聞いたからかな。

教官はむしろ、「普段どおりやってれば（試験ってことを）意識しなくても良い」って感じだった。

・実務に就いてしまうと、仕事をしながらの勉強しかできないので、勉強に集中できるのは後期修習が最後だ。その意味では、仕事をせずに勉強だけすることが許される時期なので、逆に楽だったという見方もできる。

2 二回試験について

Q：二回試験をどう捉えているのか。

A：

・まわりの人は、法律を勉強していない人間に、「裁判官してほしくない」だろ？
二回試験はそういう信頼の担保としての試験という面もあるのでは。

・二回試験だけでは測れないかもしれないけど、一つの指標になるのでは。
でも、普段のことも見てるだろうけど。

・勉強はどの分野に入っても必要なことだけど、試験となるとこれが最後。

3 実務修習の過ごし方

Q：実務修習、どう過ごしたか。

A：

・裁判修習は頑張った。

・向き・不向き、知識の有無とか、向こうは「同僚選び」をやってるわけで、こっちにしてみれば「就職活動」だなー。

・特に、自分の志望以外のところでは頑張ったな。

・ある程度は、あちらの期待する修習生像っていうのをイメージできたから、それに沿うように修習したね。
・（裁判修習は）ともかく一生懸命頑張って自分が裁判所でやっていけるか試してみようという気持ちでいた。

任官志望者の絞り方について

1　選考のポイント

Q：任官志望者を絞るうえで、どういった点にポイントがおかれているのか。
A：
・「あちら」の評価基準はわからない（自分のどこが評価されたのかわからない）し、何も言えないところがある。
・裁判官は信頼が大切だから、クラスでも信頼されない人は、教官も任官させたいとは思わないだろうね。
・「すべての分野で」好かれる人。
　同期の他の弁護士やなんかから、判決に対して「あいつが書いているからな」なんて言われると怖いから。

・弁護士として要求されることと、裁判官として要求されることって違うのでは。
　具体的に言うと、不特定多数の信頼を得るっていうことかな。
・任官を断られた人って、（具体的にはよくわからないけれど）、「裁判官」に向いていないっていうよりも、残りの法曹二者にも向いていないいんじゃないのかな。
　裁判官だから向かないっていうよりも。
・志望を辞めた具体的理由については、伝わって来にくいから、よくわからないね。

2　判断基準の不透明さについて

Q：任官者の選抜について、現在の方式（不適格者に対するいわゆる肩たたきに近いものだと思われる）には問題がないのか。

A：
・人事っていうのは、ある程度不透明な部分は必然的に含むことになるのでは。たしかに、私企業の場合とまったく同じってわけにはいかないだろうけど。
・（今は、クラスの教官と実務庁の裁判官の意見が判断の大部分を占めるようだけど）、もっと多くの目にさらして判断するという方法もあるだろうね。
　特に、検察教官は基本的に一人だし。
・判断基準を公開する弊害もあるのでは。

それに合わせた受験テクニックみたいなものも出てくるかもしれないし。
・（いわゆる「肩たたき」された人が、なぜって思う制度である気がするが）落ちた例を公表するのは、その人のプライバシーの問題があるから、難しいと思う。
・「選ばれる立場」にある自分が、その制度自体について、何もいえない。そもそも、なぜ自分が一応選ばれたのかわからないし。自分に自信のある人、すなわち、なんで、選ばれたのかについて自信のある人は、そんなふうには思わないんだろうけどね。

任官志望者の感じる裁判官の特徴

任官志望者の見た裁判官・裁判所
Q：裁判官は社会を見る目があったと思うか。
A：
・世代の違いを感じたことはあったな。
・社会を知らないという印象はなかったな。
　その地方や業種に独特な慣行なんかは、弁護士の書く準備書面から新しい知識を得ることもあるしね。
・当事者の「追体験」をするから、普通の人の何倍もの体験をするって言い方をしていた裁判官がいたな。

Q：裁判所、裁判官の雰囲気はどう感じたか。

A：

・硬い雰囲気ではあったけど、息苦しさまでは感じなかった。判事補くらいの人は、割とくだけていたし。

・裁判所をどう感じるかは（息苦しいと感じるかどうか）、結局向き・不向きなんじゃないかな。居心地悪いとは思わなかったけどね。むしろ、ゆっくり落ち着いていないと、正しい判断できないんじゃないのかな。

・「硬い」とは思ったけど、人から聞いているほど「暗い」とは思わなかった。

・「硬さ」っていうのは、職務上ある程度、必要だしね。

裁判官として配慮すべき点

Q：裁判官は、普通の人とちがうのでしょうか。

A：

・いろいろなタイプの裁判官がいると思う。たとえばこつこつこなすタイプと、大きい判決を出したいタイプとか。それで、その人の理想とするところの裁判官像に対して努力していけばいいと思う。

・裁判官って、「判断する」仕事でしょう。だから、仕事の面で「色」を出してはまずいかも。

・個人の思想の自由はあるけど、あまりやり方として独自になられるとまずい気がする。
　当事者は裁判官を選べないというのは大きくて、ある程度の自重は必要だと思う。

　その点、弁護士はやり方に個性があっても良いと思う。その点では、弁護士とは違うだろうね。
・仕事を離れたとき、いくら、「個人として話していますよ」と言っても、裁判官の立場からの発言だと見られてしまうかもしれないね。現実として裁判官の実態が国民に知られていないのは問題だろうね。

公正らしさが求められる

Ｑ：寺西事件では、「公正らしさ」がいわれましたが、そのことについてどう考えていますか。
Ａ：日常でやることについては、本来は問題ないはずなんだけど、どこまでが日常で、どこからが仕事なのかの区別が難しいから、日常やることについても微妙な問題があるだろう。つまり、「公正らしさ」が大事な仕事である以上、多少の「動きにくさ」はしょうがないと思う。
　ただ、国民が何を「公正らしさ」と考えるかによっては、「動きにくさ」の幅も変わるだろうね。

弁護士との違い

Ｑ：弁護士との違いはあるのでしょうか。

A：
・弁護士の場合、その場その場で素早い判断が必要。
・弁護士は、動き回ってなければならなくて、じっくり考えられないような気がするから、自分には大変かなーって思う。

二一世紀の裁判所像

Q：司法制度改革で、裁判所はいろいろ批判されていますが、これからどうなればいいのでしょうか。
A：
・これから裁判所は、閉鎖的ではいられないだろうね。やっと省庁でも、情報公開が進んできたんだし。
・これから変えていった方がいいと思うところは、細かいことを言えばいろいろある。だけど、どの点についてもそれなりに理由があるからな。価値観の問題にもなってくるし。
・裁判官の増員が必要なんでは。
・増員となると、変な裁判官が増えるかもしれない。裁判所のトップは、それを危惧しているんだろうね。ほんとに「頭のいい人」は、司法試験なんて受けないから。だって、大変だから。
・土日に裁判所をやるっていうのはどう。仕事をしている人は、裁判所を使いにくいし、傍聴もできない。特に刑事の在宅事件なんかね。家裁の事件もそう。

　ナイター裁判所なんてよいかも。離婚なんかも、そういって断って仕事を抜けられない。
・たとえば、雑誌とかにその週にやる裁判の情報を載せてもいいかも。
・中学・高校生に法律の知識を勉強させる。たとえば、裁判所主体で裁判傍聴をさせるとか、模擬裁判やってみるとか。
・生活科なんかで、正式なカリキュラムとして教えればいいのでは。
Q：実際に訴訟を起こした人のなかで、裁判のイメージが悪い人が多いと聞くが。
A
・日本は訴訟社会じゃないからそういわれやすいのかもしれない。
・だいたい、これまでに解決していないから裁判所に来るのであって、負けた方の人はもちろん不満も多いでしょう。
・裁判所の敷居が高いっていうこともあるでしょう。

以上です。いかがでしたか。このQ&Aは、私が理解したかぎりで再現したものにすぎないのですが、その中にも、任官志望者の考えの一端をかいま見ることができるのではないでしょうか。

さて、読者のみなさまにとっては、ご想像どおりでしたか、それとも意外でしたか。

3 検察官志望者

実務修習の心得三題

任検したと言っても、まだ一カ月経ったくらいで、偉そうなことは言えませんが、任検するなら、修習でこうすればよかったと思う点を少々。

任検者からみた実務検察修習

頑張るのなら、事件の数もいいが、いろいろなことをやろうとにかくやる気を出そうと思い、事件の数をこなすことに走ったが、むしろ、いろいろなことを自らやってみることがいい勉強になるのではないかと思う。実際現場に足を運んで調査してみたり、証人の呼出や電話録取をやってみたり。公判部では法廷で話すことはできないが、発言以外の手続は検事の横について手伝ってみたり。事件の数をこなすだけで、同じことばっかりやるよりはそっちのほうがよい。

座学を大切にしよう

実務修習だから、座学をする時間があるくらいなら一つでも事件を、というのはいけない。後期修習の忙しさを考えると、実務修習の時間の一部は座学に使うべき。検察演習問題の検討を六法を引きながらやるくらいは、検察実務修習の間に。また、この知識が検察実務修習でも生きる。

趣味を増やして、人間関係を増やそう

付き合いを大事にして、いろいろ趣味を増やすのがいい。私は、実務修習に入ってゴルフ（検察庁で盛ん）とマラソン（裁判所でやっている人たちがいた）を始めたが、修習に取り組んでいるだけでは知り合うはずもなかった方と顔見知りになり、仕事もしやすくなった。また、実務修習で増やした趣味は、後期、実務家になってからも大変有効。

やる気まんまんで検察実務修習やるのもいいですが、いろんなことをしたらいいと思いますよ。ただ、実務中の時間は貴重なので、後悔のないように。

4 弁護士志望者

就職活動の仕方についてのアドバイス

今後、人数が増えていくことは必至の弁護士。就職活動を経験した修習生から、これから就職活動する修習生にアドバイスする。

たくさん回る

修習を通じて、できるだけ多くの事務所を訪問することをお勧めします。その理由は、事務所によってその「カラー」とでもいうのでしょうか、千差万別だからです。

たとえば、一口に渉外事務所といわれるところであっても、その事務所やそこにいる弁護士の専門分野は違うわけで、一般的な事務所であっても、何かを「売り」にしている事務所もあるし、行ってみて、聞いてみないと案外わからないものなのです。同じ分野を専門にしているといっても、その仕事のやり方も違うし、どういうのが自分に合っているのかを実際目で確かめることがとても重要だと思います。

できれば複数回訪問する

次の項目と若干重複するかもしれませんが、ようは、一回ではその事務所や弁護士のことはわからないという当たり前のことです。何のためにわかりたいのかについては、個々人の考え方があるでしょうが、複数回行ってみると、前回出なかった面白い話が出たりして「へぇ～」と感じることもしばしばでした。また、再訪ということになれば、訪問先の弁護士が、「この修習生にはこんな話もしてみよう」という具合になるもんです。

今年採用しようと考えている事務所で、採用したい修習生像がある程度明確な事務所ですと、二度目のアポのときには、ひょっとすると断られるかもしれませんが、それはそれとして、一つの情報と考えればいいわけです。あと、向こうから修習生自身の話を（採用のためがほとんどですが……）聞きたいということで連絡を取ってくることもあります。ですから、連絡先の書いてある名刺を準備しておくのは最低限の礼儀です。

数人で行く場合と独りで行く場合とを作る

数人で行くと、やはり話が散漫にならざるをえないところがあります。一人で行くと訪問先の弁護士も複数人の前でする話とは、ひと味違った話、質問をしてきます。これからこの業界に入ろうとする修習生とすでに業界の中で一定の経験を積んだ弁護士との、いわばさしの真剣勝負ということにもなりますが、向こうも採用についてはきわめて慎重に考えているのが普通ですから、当然といえば当然です。私の期でも、複数人での事務所訪問にはあまり意味がないと考えている友人がいて、その人に言わせると、自分の考え方を短時間でわかってもらうためには一人の方が効率いいと言っていました。一つの見識だと思います。一方で、訪問先の弁護士・事務所は、「どんな修習生なのか」と思っているわけですから、複数人の中でのその修習生のありようも「観察」したいと考えているようです。

テーマを決めて行く

あとでも述べますが、私は、「春の集会」や「人権ネット51」などが主催する集会の実行委のメンバーでありまして、弁護士のところへカンパをもらいに多々事務所・弁護士訪問しました。その先々で、訪問先の弁護士に異口同音にいわれたのは、「今の若い修習生は、いったい何に関心があるの？　話をしてもあんまり反応がないのでよくわからない」ということでした。相手先にしたら、忙しい時間を割いて修習生に会ってみたら、ただ世間話に毛の生えたような話しかしないのでは、少しがっかりするのでしょうね。まあ、私の意見では、これは何も修習生だけの責任ではないと思うのですけれど……。いずれに責任があるかないかなどということはさておき、同じ質問をたくさんの弁護士にしてみると、これまた返ってくる答えが千差万別で、なかなか面白いのです。一度この方法で自分から質問をしてみてください。

アピールの仕方

アピールの仕方というと、とても技巧的に聞こえるのですが、ようは、自分はどうして弁護士になりたいのか、なってから何がしたいのか、何ができるのか等を聞かれる場合があり、そのときに、とおりいっぺんのことを言うのではなく、思い切って考えていることを言った方がいいですよ、という程度のことです。そのことを聞いている弁護士自身が特に関心があるわけではないこともあるのですが、答える方は、これを機会に考えてみてはいかがかと思います。弁護士さんは自分でこれが専門です、と言い切る人はなかなかいません。多くの人は謙虚だからです。ところが、もう修習生になられてから、今までの知り合いとか知り合った人から「で、専門は何にするつもりですか？」とよく尋ねられませんでしたか？　弁護士に対して、法律の特殊分野における専門性を一般の人は求めていると感じました。出身大学とか趣味だけで話が終わってしまっては、訪問先の印象も薄いものにならざるをえないでしょう。

実際のところは入ってみないとわからない

実際に入ってみないと事務所というのはわからないのだそうです。私はまだ、一年目なので「わかるわからない」の基準さえわからないのですが、手っ取り早く知ろうと思うと、二〜三年目の弁護士さんに聞いてみるのが一番いいそうです。先輩弁護士の多くがそういっているのでたぶんそうなのかなと思っています。自分が就職したい事務所の若い弁護士さんに胸襟を開いてもらって話を聞いてみることをお勧めします。

いろいろな事務員さん

事務員さんは、その事務所の雰囲気を伝えてくれます。いろんな意味で……。これに関しては、以上。

礼状を書くことについて

一切書かない人もいるし、全部または一部に書く人もいるし、書く人の中でも封書で出す人、ハガキで出す人ばらばらです。でも、あえてこの項目を設けたのは、さる先輩の弁護士さん数人から（リクルート担当）聞いた話をここで書きたかったからです。彼らは、現に新人を採用する基準になんと、訪問についての礼状の内容と（とここまではまぁ、ある話ですが……）その字が重要なポイントであったというのです。すべての基準ではないにしても、「字」の巧拙ではなくて、丁寧さにその人の人格が表れるというのです。ご参考までに……。

何かを獲得する

採用されるされないというのが就職活動のもっとも重要なポイントであることは多言を要しないのですが、たとえ就職に直結しなくてもその事務所・弁護士さんからいろんなことが学べます。たとえば、事務所のアピールをリクルート担当の弁護士はどういうふうにしているか、事務所が新人を欲しがっているのは事務所全員の総意になっているのか、どんな新人を欲しがっているかなどです。最も事務所の個性が出るのは、採用の断り方であろうと思います。それをもって、新人の扱いもわかろうというもので、案外あたっているので面白いものです。まぁ、自分の就職の決まらないうちは面白いとも言っていられないのですが……。

私は女性で若くないという修習生でした。そうしますと、まぁ、いろんなことが見えてしまうんですよね、事務所・弁護士さんの「本音」というもんが。すごい良かったですよ、この経験は。

記録する

一時に多くの人と知り合いになるので、「あっ、これおぼえとこ」と思っても忘れます。そこで、メモ程度でいいから記録しておくと、だんだん自分の入りたい事務所のイメージが湧いてきます。訪問した先の弁護士さんは、実にいろんなことをしゃべってくれる場合があり、その日その日に記録しておかないと忘れます。あとで聞き直したいために、連絡を取ろうと思っても、相手がそのことを思い出してくれるまで時間がかかるうえ、徒労に終わることがあります。

先輩の活用

大学その他の先輩弁護士は、かわいい後輩のために、いろいろな情報をくれます。すべてがあたっているわけではないにしても、訪問先の事務所の予備知識を獲得するうえでは有用ですよね。さらには、その先輩からの推薦なども取りつける工夫などしてもいいかもしれません。

修習地以外のところに就職する場合

行きたい事務所のある土地に通うしかありません。就職が決まるまで、毎週のように新幹線を使ってその土地に通っている同期の友人がいました。一時の交通費をけちるのは、一生の不覚かもしれません。行きたい地域に修習している自分のクラスメート、先輩弁護士等から情報を集め、間に入ってもらうなどして、とにかく自分の体を使うしかないと思います。事前に、自分のことをわかってもらうためのオリジナルな略歴書を携帯していき、意気込みを見せるのもいいかも……。あと、自分の修習地先の弁護士さんが、案外、自分の行きたい地域の弁護士さんと知り合いだったりすることもありますので、そういうつながりも使って、とにかく体を動かすことでしょう。

採用条件について

給料、「労働時間」（？）、休暇等の条件が、就職活動時期に一般的に明示されるという話は、私はあまり聞きませんでした。契約における要素がはっきりしないまま、多くの場合決まっていくようです。「なぜですか？」と聞いたことがあります。そうしたら返ってきた答えは、「採用というのは結婚と同じようなものだから、条件よりもやはり、相性が大事で、相性の合う合わないのわかる前からそういうことは開示しないものなんですよ」というものでした。そういう慣例ということなのでしょう。慣例の善し悪しは別にして、一般的には、ほぼ横並びの水準のようです（渉外事務所系は除く）。私の場合も、採用が決まってから、給料の提示、休暇について知らされました。

これらの点が明らかになることは、これから採用される側としてはとても重要なことですが、それに加えて、個人事件の受任の可否、その場合に事務所の事務員さんを使えるのか、費用をどのくらいの割合で事務所に納めるのか、事務所の事件のふられ方（新件から参加するのか、途中事件の引継をもっぱらするのか等）、委員会活動についての理解、その他弁護団の参加についての理解も重要なポイントだ

コラム　気になる一年生弁護士の給与

弁護士を目指す修習生にとって、最も（？）気になるのが、給与である。そこで、一年生弁護士の給与について、いくつかの給与システムに分けてご紹介しよう。

◎給料制（いわゆる「イソ弁」＝イソーロー弁護士）

《システム》

これは、特に説明の必要はないかと思うが、一般のサラリーマンと同じく、契約時に、月給あるいは年俸として定額を定めるシステムである（なお、ボーナスの有無はまちまちである）。もっとも、完全給料制を貫く事務所は少なく、「給料＋出来高制」＝定額を保障されつつ、自分の事件（国選など）収入は出来高でもらってよいというシステムが多い。

《長短》給料制は、売り上げの多寡を問わず一定額が保障されているので、開き直りの精神とボスの理解があれば（金にならなくても）自分のやりたい仕事を自分のペースでできるというメリットがある反面、どんなに売り上げても一定額しかもらえないというデメリットがある。そこで、自分で稼げるようになったら、後述するパートナーに移行したり、事務所を独立したりする者も多い。

《額》給与額については、当然のごとく地方や事務所によって異なるが、二〇〇〇年三月現在における目安は、月三〇万～六〇万円であろう。

気になる一年生弁護士の給与

◎経費共同パートナー

《システム》

給料制と対極にあるものとして、パートナーというシステムがある。これは、イソ弁がボス弁に雇われているのと異なり、事務局を雇う使用者となるシステムである。すなわち、自分の売り上げは経費を除いてすべて自分の収入となる反面、売り上げがなければ収入はゼロである。

もっとも、一年目から完全パートナーとなることは稀であり、多くの場合、人件費などの事務所経費の負担は免除されたり、たとえば月額五〇万円に到達しなかった場合には事務所から補助金が出るというかたちで庇護されることになる。

《長短》稼ぎがすべて自分の懐に入るので勤労意欲がそそられるというメリットがある反面、稼ぎ道を知らない一年生にとっては、生活費を捻出するのに四苦八苦することもありうるというデメリットがある。

《額》これも、地方や事務所あるいは個人の才覚によってさまざまであるが、だいたい年七〇〇万～一五〇〇万円であろう。

ただし、通常、この中から交通費や書籍代・交際費（場合によっては、人件費も）などの経費を捻出しなければならず、もちろん全額が収入になるわけではない。

◎収支共同パートナー

なお、売り上げのみに拘泥せず安心して社

コラム

会的事件に取り組めるよう、全弁護士が給料制となっている事務所も全国には少なからず存在する。すなわち、すべての弁護士がいったん全収入を事務所に入れ、定額を給与として受け取るのである。ここでは、「事務所の事件」「自分の事件」という概念自体消滅する。

　この場合、弁護士の給与を年功で決めるか売り上げで決めるか、あるいは必要性で決めるかは事務所によってさまざまである。

　この他にもさまざまな給与システムが存在するし、現存しない給与システムを新たに作り出すことが保障されている（契約自由の原則）。

と思います。

　本当にしたいことが、今現在鮮明にあるわけではないと思いますが、いざ他の弁護士さんとかに弁護団に誘われたり、また委員会の公益的活動において事務所の勤務時間とぶつかってしまうときに、一つ一つを事務所のボスに相談して了解を得なければいけないような雰囲気なのかどうかぐらいは事務所訪問の際に聞いておいたほうが、お互いのために幸せだと思います。

情報交換

同期の修習生と事務所訪問のあと、情報交換しました。結構、採用時期といわれるときを過ぎても募集しているところもあれば、まだ解禁時期ではないのにとっくに決まっているところもあり……。そして、大々的に募集しているのではなく、ひっそりと探している弁護士さんもいるし……。

私の場合

私が最も重視したのは、明るい事務所（照明度も含めて）・ベテランの事務員さん・感じのいい事務員さんの存在・そして、刑事事件・労働事件をやらせてもらえること・委員会活動、弁護団に入ることについてある程度自由にさせてもらえることです。それらの点をはっきりいって、その点をボスにも了解していただき、今の事務所に決まりました。カンパ集めのため、大阪、東京の事務所・弁護士さんらにたぶん延べですと八〇人くらいには優にお会いしていると思います。集会の趣旨を訴え、カンパの必要性と意義を説明させていただき、そのなかで、本当にいろいろなお話も伺えました。せっかくなので、カンパ集めの訪問の際に、どんな新人が欲しいですか、採用予定、採用基準の有無等の質問もしました。事務所の数だけでいっても、三〇カ所以上は行っていると思います。その中での経験をふまえて、行きたいと思う事務所にピンポイントでアタックしたのが、私の就職活動です。

みなさんが、自分のしたい「仕事」が十分にできる事務所に就職されますよう、心から願っています。

第4部

どうみる統一修習

1 裁判官志望者から見た統一修習

統一修習の意味について考える

裁判官志望者として、実務修習を経験して、どのようなことを感じ、考えてきたのか。自分の志望する実務修習は、予行演習的な感覚で、それ以外は、体験学習的な感覚になるのではないか。統一修習は必要か。それぞれの修習について考えてみる。

裁判修習について

まず、裁判官志望者にとっては、当然、民裁修習も刑裁修習もいずれ自分のやる仕事なわけであるから、当然他の修習よりも興味を持ち、気合の入り方も違ってくる。

裁判官志望者以外にとっては、裁判所は、これから仕事相手として中心的な存在となるわけだが、実務修習が裁判官の本音を見ることができるほとんど唯一の機会である点で非常に重要であるものの、修習後は判決を書くことはまずないから、いわゆる判決起案など興味をもたない人も多いと思われる。

これに対し、裁判官志望者の場合には、将来の仕事内容を知り、また、将来の予行演習的なものを行えるという点で非常に重要であるし、また、自分がのちに勤務する裁判所という場所が自分に合ったものかを直に体験し、判断することができるという意味でも、非常に重要である。ここで裁判所の雰囲気や仕事内容を見て、進路を変更してしまう人もいるようである。

いずれにせよ、裁判官志望者にとっては、いずれ近いうちに自分でも訴訟指揮をしたり、和解勧試をしたり、また、いずれ自分でも判決を書くことになるから、非常に興味深く、有益なもので、まさに将来の予行演習という感じになるわけである。それと同時に、裁判修習全体を通して、何人もの裁判官を見ることになるから、「自分は将来どの裁判官のようになっていくのか」ということなども、想像したりするわけである。

さらに、「裁判官志望者は成績優秀でないとなれない」などと一般に言われているから（事実は不明であるが、かなりのプレッシャーになることは事実である）、当然後期の二回試験をにらんで、要件事実や事実認定についての勉強をしておくべき重要な機会となるわけである。

検察修習について

他方、検察官はいわば刑事事件の花であり、刑事事件において必ずつき合う相手であるから、検察がどのような意識で、どのような捜査をし、そして、どのような意識で公判に臨むのかを知るのは、不可欠である。

検察修習の中心は、被疑者取調べである（……自白は証拠の女王？・）。被疑者の自白をどうやって得るのか、参考人の重要な目撃供述をどうやって得るのかという取調べの技術や、どのように取調べが行われているのかという取調べの実態を知ることは、裁判官志望者にとって、たとえば供述調書の信用性を判断する面において、また、調書を作成する検察官の意図をつかむという面において、非常に有益である。ただ、この面を考えるのであれば、単に修習生が取調べをするのよりも、検察官自身の取調べを傍聴し、検察官と十分に議論するという方が有益にも思えた（もちろん、自分で体験してみないとわからないことも多いため、自分で取調べをするのも重要である）。

また、（弁護修習のように）一人の検察官に一日中ついて、実際の検察官の行動を共に体験するということもやってくれれば、より検察を知ることができてよかったと思うのだが、実際にそのようなことは不可能であり、残念である。

さらに、検察修習で学んだことは、やはり、「検察の組織力」「体育会系的上下関係」であろう。「裁判官の独立」に魅力を感じる裁判官志望者にとって、検察庁内での挨拶回り、上司の決済や長時間の残業は、多少受け入れがたかったことは否定できない。反面、指導担当検事や事務官の面倒見のよさ、魅力的な人間関係は裁判所以上であり、また、裁判所ほど固い雰囲気ではないから、その面では非常に羨ましいところであったと思う。

弁護修習について

弁護修習（夜の修習を含む）は、裁判所外で、弁護士が事件をどういうふうに見て、また、事件の当事者（依頼者）がどのようなことを考えているかを直接知ることができるという点で、非常によい勉強になった（私の場合、半分は弁護士も考えていたことや、いずれ退官したらこの仕事をやる可能性もあることから、検察修習に比べると弁護修習に対する親近感はあった。その意味では検察修習の時ほど「裁判官志望から見た……」という視点は持っていなかったと思う）。

裁判官志望者としての視点で弁護修習中、特に注意していたことは、弁護士の世界の常識をしっかり見ておかなければということであった。裁判官は、弁護士（あるいは世間）から常識がわかっていないなどと批判されることが多いため、「弁護士が言うところの常識」をしっかり把握していなければならないと考えたからである。また、弁護士が裁判官・裁判所をどういう目で見ているのかを知ることも、有益であったと思われる。つまり、裁判官になったときに、弁護士から批判されないために、弁護士の考えをしっかりと知っておこうというわけである。もっとも、裁判官志望者からみると、「弁護士の方が偏った見方をしているのでは」と感じる部分も多かったが……。

なお、弁護士は、建前としては自由業であり（実際は仕事が忙しく不自由業であるが）、自由気ままに飲みに行けるという面で、裁判官志望者から見て、少々うらやましい面がある。

全体を通してみて

最後に、全体を通してみると、統一修習は、常にかかわり合う法曹三者のすべてを、それぞれの立場に立って直接体験することができ、それにより、それぞれの考え方の違いを十分に知ることができたという点で、非常に有意義であったと感じる。特に、訴訟において、同じ一つの事件に対し、裁判官・検事・弁護士という異なる立場から、異なる角度から光をあててその全体像を浮かび上がらせるという構造を、それぞれの立場から直接経験できるのは、まさに統一修習でしかできないことだと思う。

なお、今、修習を終えて思うことは、実務修習の一六カ月間というのは非常に短く、正直もっと見たかったというのが本音である。

2　渉外弁護士志望者から見た統一修習

絶対的に必要ではない統一修習

法廷だけが活動の主ではない。そんな渉外弁護士志望者は、統一修習をどう感じたのか。

「渉外弁護士」とは何か

私は、修習終了後、いわゆる「渉外弁護士」事務所に就職する予定である。

渉外弁護士とは何かわからない人のため誤解を恐れずに「渉外弁護士」の意味を説明すると、非常に大ざっぱに言えば、「①主として企業（会社）を依頼人とし、②外国関係の法律問題を扱う弁護士」というような説明になるのであろうか（なお、厳密な定義は難しく、上記はあくまでアバウトな説明であることには留意）。

このような渉外弁護士の仕事が司法研修所のカリキュラムとの比較において特徴的なのは、以下のようである（ただし、この点もあくまでアバウト）。

(1) 通常の弁護士業務のイメージとして典型的なのは刑事事件、離婚、(個人) 破産等の個人事件であるが、渉外弁護士の場合、上記①のように依頼人が企業であることにより、このような仕事は非常に少ない。

(2) 通常の弁護士は一般に裁判所における法廷活動を中心とした仕事をするが、渉外弁護士の場合、上記①および②のように仕事が企業(国際的)活動の助言に関わるのでいわゆる予防法務が中心となり、反面法廷活動が比較的少ない(ないしはほとんどない)。

すなわち、ここも誤解を恐れずごく簡単に言えば、渉外弁護士の場合、「一般民事事件における、裁判所での法曹三者(裁判官、検察官、弁護士)の法廷活動」を念頭に置いた司法研修所のカリキュラムは、ほとんど仕事には直結しない、ということである。

私が今回この原稿を書く機会を与えていただいたのは、一般的な弁護士の立場からのほか、このような「渉外弁護士」希望者の立場から見た統一修習の意義について意見を期待されているらしい。しかし、私自身は、修習に入るまで渉外弁護士になることはあまり考えたことのなかった人間であるので、私見が典型的な渉外弁護士希望者の意見とはおそらく異なることをお断りしておく。以下、私見による統一修習の意義について述べる。

統一修習の大きな意義

さて、まず私は弁護士を目指して法曹資格をとろうと思ったので、弁護士志望者の立場からの統一修習の感想を述べる。

統一修習の意義について一言で言えば、弁護士以外の法曹の意義・役割について突き詰めて考える機会を持てたこと、他の法曹の立場を理解したうえで自分の仕事をできることが、ひいては自分の仕事の幅を広げ、法曹の仕事の現場を円滑にし、ひいてはそれが国民の利益になるということであろうか。

すなわち、私は法曹を目指した当時、弁護士以外の職業の選択についてあまり考えたことがなかった。もっとも、弁護士という職業の意義を考えるにあたり、さまざまな職業の中で、「なぜ弁護士（法曹）を目指すか」という自分の動機・目的をはっきりさせるため、法曹以外の職業の意義・役割についてはよく考えた。しかし反面、自分の中に「法曹＝弁護士」という無意識の先入観があったため、同じ法曹である裁判官・検察官との意義および役割の相違についてはそれほどは考えたことがなかった気がする。

このような私が研修所に入って裁判官・検察官の意義・役割につき考える機会を持てたことは、統一修習の大きな意義であった。統一修習においては、裁判所・検察庁の生の現場・生身の裁判官・検察官と接する機会を持つことにより、否応なしに自分がその職業になった擬似体験ができる。これほどリアルに裁判官・検察官の意義・役割を考える機会はないであろう。そして、法曹三者が法廷という同じ場所で仕事をする以上、他の二者の立場を理解すること、他の二者が果たしえない役割を自分が果たすことを理解して仕事をすることは重要である。そして、法曹三者がよき関係で仕事をすることは、これを利用する国民の利益になっているといってよい。

もっとも、法曹教育において最低限必要なものが当該専門家としてのスキルであると考えれば、統一修習は法曹教育にとって不可欠のものとまで言えないのであろうか。そうした意味では、統一修習とは、社会が「より良き法曹」を育てる余力のある場合にはじめて許されるものであろう。そうした意味では、自分がそのような統一修習を経験する機会が持てたことには、非常に感謝している。

渉外弁護士の立場から考える

次に、渉外弁護士の立場からの統一修習の意義について述べる。

渉外弁護士の場合、その直接的な仕事においては、司法研修所のカリキュラムはほとんど直結しないことは前述のとおりである。そこで、多くの渉外弁護士事務所では、(呼称のいかん等は別にして)「渉外弁護士育成カリキュラム」に従って仕事を学んでゆく。特徴的なものとしては、つぎの点があげられる。

(1) 英語学習。具体的には、①翻訳作業、②英語の専門学校、等。

(2) 海外留学。具体的には、仕事を始めて三年目以降(五年目位まで)の時期に、①ロースクール(法学の大学院)一年、②外国の法律事務所勤務一年、の計二年間の場合が多い。

(3)　各種企業法等の勉強会等。

したがって、スキルの点のみから言えば、これらのものを（弁護）修習のカリキュラムに取り込むのが理想であり、企業法務についての一部のカリキュラムを除きこれがない現状は、統一修習以前に弁護修習自体の意義が問われる面もあろう。

しかし、渉外弁護士につき言われる言葉の一つに、「よき渉外弁護士は、同時によき国内弁護士である」という言葉がある。これは、いくつかの根拠に基づいている。その一つは、渉外弁護士といっても取り扱う主要な法律は国内の企業法・経済法であり、英語を使うという作業はこれらの法律の解釈適用の前提上にある点である。もう一つは、予防法務としてのリーガルアドバイスは、企業法務も最終的には訴訟で解決する以上、裁判になった場合の見通しをふまえた処理をする必要がある点である。このような意味では、よき渉外弁護士育成のためには研修所における国内弁護士育成のための「弁護修習」のカリキュラムが必要であり、ひいてはよき国内弁護士育成のための「統一修習」が必要であるということになろう。

もっともこの場合も、渉外弁護士としての最低限度のスキルの点からすると、弁護修習の必要性はともかく、統一修習の必要性は絶対的ではないのかもしれない。

以上、私見としては、統一修習の意義は十分に評価しつつも、その絶対的必要性については必ずしも強調できない面があることを否定できない。ただ、良き法曹育成のために果たす統一修習の役割は疑いないと考えるので、社会がその程度の余力を持って法曹教育ができることを切に期待するものである。

3【座談会】企業法務弁護士志望者がみた統一修習

修習のメリットとデメリット

企業法務弁護士志望者がみた、刑事事件修習は？　また、転職組が感じた修習全体の印象について語る。

《登場人物紹介》

Eさん：大学卒業後、二年間の銀行勤務を経て、アメリカ・ニューヨークのロースクールに留学、ニューヨーク州弁護士資格を取得。一年間当地で弁護士として働き、帰国後、司法試験の勉強を開始。実務修習地は東京。資格取得後は、弁護士として活動予定。

Sさん：日本系のメーカーで七年間エンジニアとして勤務後、某外資系コンピューターメーカーで五年間弁理士として勤務し、知的財産権に関して造詣を深める。「独立して事業をやりたい」夢を実現すべく、一念発起で司法試験の勉強を開始。働きながら見事合格。実務修習地は東京。資格取得後は、知的財産権を主に扱う事務所で活躍予定。

Ｋ、Ｍ：編集委員。インタビュー・聞き取りを担当。

全体の感想

Ｍ：修習を二年間やってみてどうでしたか。よかったこととか。

Ｅ：アメリカの場合、試験に合格するとすぐに実務について弁護士として働くんだけど、弁護士の立場しか経験しないから、裁判所がどんなことを考えているのかわからないまま訴訟することになるのね。でも、日本のように弁護士になる人も裁判修習や検察修習をやると、裁判官や検察官の思考過程がわかってくる。そうすると、弁護士として仕事をしていて、相手方がどんなところを問題と考えているのか、どこが落ち着きどころなのか、あらかじめわかってくると思う。だから、相手方との問題意識と必ずしも噛み合っていないまま、こちらの主張を通してしまう、意味もなく我を張ってしまう、ということが少なくなるでしょう。そういう意味で、効率よく仕事ができるようになると思います。その点がよかったなと思います。

Ｓ：僕の場合は、よかったかよくなかったかと聞かれると、大きく言うと、よかったと思います。
　裁判修習をやっていろいろな弁護士さんの法廷活動を見てはじめて弁護士が見えた気がしたね。検察修習でも同じ。それと、やっぱり、Ｅさんと同じで、裁判官や検察官が考えることがわかるようになったと思う。だから、弁護士として仕事をするうえで、何をやっていったらいいのか、ということがわかったように思います。

ただ、お互いの考えていることがわかりやすくなるだけ、馴れ合いということも出てきて、馴れ合いが高じて司法が国民から離れていく危険性はないのかなあという気もしました。

E：馴れ合いになるかどうかは、システムの問題ではなくて、心がけの問題じゃないかな。弁護士には依頼者がいるから、その利益を図るためには、馴れ合ってはいられないいんじゃないかと思うけど。

S：それはそうだね。

E：私は、民事裁判修習で、みんなで納得のいく解決をしていくという作業を見ることができました。たとえば、新民訴で、弁論準備手続や、集中証拠調べの場に当事者も連れてきて、手続を進めていくというのもそうだし。

みんなで納得いく解決をするために、相手の出方をある程度わかったうえで進んでいく、同じものを見ていくということが大事だと思ったな。

修習専念義務との関係

E：そうそう、修習生やってて、むなしいなあと思ったのは、修習専念義務があって、ほかのことをする自由を制限されてしまうこと。やりたいのに、できなかったこともあったな。

S：僕の場合、前の特許関係の仕事が佳境に入っていたから、仕事をしながら修習したかったんだよね。

僕は、最高裁に電話をかけて、「仕事しながら修習したいんだけど、いいですか」と聞いたんだけど、「そんな暇ないですよ」と言われてしまって、結局仕事をやめざるをえなかった。

僕は今三〇代だけど、仕事の方でいい時期を分断されてしまうと思ったし、仕事の現場から離れることで二年間の空白ができてしまうというあせりもあった。

それと、収入が減ったのもきつかったね。ウチは妻子がいるけど、収入が半分以下になってしまって困りました。

K：修習生は、税金で給料もらっていますよね。そうすると、たとえば企業に勤めながら修習してると、社会から見れば、公的な立場というよりはむしろ企業のために修習しているような誤解を与えかねないんじゃないかという気がして。そういう問題もあるかと思うんですけど。

S：そういうことはあるかもしれないね。

ただ、今の修習制度は、大学を卒業して、そのまま試験を受けて、合格して、というレールに乗った人を基準にした制度になっている感じがする。そうじゃなくて、どこかで仕事をもって働きながら合格する人もいるのに。これから合格者が多様化するとすれば、別の仕事を持ちながら法曹資格を得ようとする人たちには、今の制度はちょっと合わないよね。今の制度は、あまりにもほかとのかねあいを無視しすぎているきらいがあると思うけど。

E：たしかにそう。

でも、たとえば裁判修習だと、裁判官になりきらないとわからないところもあるから、ある程度の期間、修習に専念する必要はあるというのも事実。

実務修習について

一種のOJT

E：修習生って、すごく大事にされてるなーと思った。実務修習って、一種のOJTなんだよね。

S：そうそう。でも、検察修習では取調べ修習をするけど、裁判や弁護修習では、実際に法廷とかで何かさせてくれることはなかったね。法的な問題があることはたしかなんだけど。民事訴訟での訴訟指揮とか、実際にやってみたかった気もする。

裁判官のなかには、和解の指揮くらいやらせてみてもいいのではないか、という意見の方もいらっしゃったけど。

E：私も、裁判修習では受身的にならざるをえなかったけど、弁護修習のときは、意見書を書いたのをそのまま弁護士が使ってくれたし、証人の尋問事項の起案もかなり反映してくれた。

S：僕なんかは、社会に出て、一〇年くらい自分の責任で仕事してきたでしょ。自分の責任で仕事して、社会にインパクトを与える、そういう心構えでやってきた。

それが、修習生になって、たとえば判決を起案するよね。でも、たとえ自分の意見が尊重されても、自分の責任で判決するわけじゃない。修習生が法曹の世界では半人前なのは十分に承知していたけれど、社会の中に一定の地位を築いてきた人間としては、社会的責任がまったくなくなってしまったという状態はとてもつらかった。

E：責任持てっていわれても、今それにかなうだけのものが自分にできるかどうかわからないでしょう。責任ないからこそいろいろやれたこともあったなと思うけど。

修習生の「特権」

S：そういえば、修習生って、いろんな特権があるよね。裁判官室なんて、普通の人は入れない。裁判官がどんな人たちなのかわかったよね。実態を知った感じ。思ったより○○であるとか（笑）。

一同（笑）

E：法廷という場で一緒に仕事をする人がどんな人かわかったのはよかったね。それから、いろんなところに連れていってもらえたのはよかった。たとえば少年鑑別所とか。

S：いまさら、当事者として入るには、年齢的にも無理だしね。

K：私は、弁護修習中に、児童支援施設、以前の教護院に泊まり込みするという修習があったんです。とてもよかった。

統一修習と法曹一元

E：それにしても、指導担当の方々って、すごくいい方々ばかりだった。はじめから弁護士志望の人に対しても、検察官や裁判官が丁寧に指導をしてくれる。すごくありがたいし、善意を感じた。

S：そうそう。個々の職種ではなくて、「法曹」という枠で考えてるよね。「法曹」を養成するんだという考え方で。

E：実務についてしまえば敵対するかもしれないのに、そこまで手のうち見せてくれるのかと思うと、ほんとにありがたいよね。

S：修習時代だけじゃなくて、実務家同士でも、もっと職種間の交流があったほうがいいと思うなあ。

E：そう。裁判官がある期間、弁護士になってみるとか。弁護士もある期間、裁判官になってみるとか。

S：五年もたつと、それぞれの立場の考え方になってしまって、相手の立場の考え方とか、忘れてしまうと思う。

検察官なんかは、自分の立場に染まってやらないとやってられないところもあるのかな？　裁判官には、弁護士をやってほしいよね。弁護士がいろんな資料を集めたり出したりするためにすごい苦労をしていたとしても、裁判官の前では、そういう苦労は目に見えては出てこないわけでしょ？　言ってみれば、切り刻んだ材料と調味料を弁護士が「はいどうぞ」と裁判官に出して、裁判官は、あと料理するっていう役割分担なわけだけど、どうやって材料を下ごしらえしているのか、知っておいてもらいたいね。場合によっては、その部分が紛争の重要部分だったりもするから。いつも下ごしらえした材料ばかり見ていると、世間からずれていっちゃう気がする。

E：裁判官には第三者的な目や視点が必要だけど、社会のことって、実感してみないとわからないこともあるから、裁判官には、ぜひそういう体験をしてほしい。なかには、たとえば外務省に出向している裁判官もいる。社会のことを知る機会を意識的に持とうとしている制度だと思う。でも、官官交流みたいなんじゃなくて、もっと普通の、一般社会に関わるようにしないといけないと思うけど。

S：裁判官も、一般市民ともっと交流しないといけないよね。

E：弁護士は、一般社会に接することは多いけど、裁判官は、少なそうだよね。そういう意味では、修習生みたいな異質な人間が、裁判所にいるっていう状態は、裁判官にとってもある種の刺激になってると思う。

S：修習生くらい相手にできないようじゃ、裁判官はやっていけないだろうな。

E：ただ、裁判官が弁護士をやることになると、CONFLICTの問題が出るかもしれないけどね。

S：前審関与の問題とかでしょ？　それは裁判官を忌避すればいいんだよ。そういうときのための忌避制度でしょう。裁判官は、訴訟にあがった訴訟資料から判断する能力を身につけたプロなのだから、社会で何かの問題に関わったからって、公正さを失うようなことではいけないんだよ。

最高裁は、裁判官が社会的活動をしたら、公正らしくなくなるから、信頼を失う、と考えているようだけど、裁判官はプロなんだから、社会で何かに関わったからって、そんなことで公正さを欠くようじゃ、困るんだよね。その意味では、裁判官が公正らしいかどうかは大した問題じゃない。寺西さんのやったことも、懲戒を受けるようなことではないと僕は思う。

法曹（弁護士）の役割

Ｅ：実務修習を経て私が感じたのは、基本的なことをしっかりしていないと弁護士の仕事をやれないということかな。

アメリカでは、紛争を、訴訟になるものとそれ以外とを分断して考えていて、それぞれ担当する弁護士も違っていたのね。私は、訴訟に関わらない弁護士だったから、訴訟がどんなものか知らなかったし、あまり関心もなかった。

でも、裁判修習で実際に裁判を見て、いろいろ考えていると、紛争の予防のために何が必要かっていうのは、結局紛争になってしまって、事後的に解決せざるをえなくなった事件からわかってくることが、わかったのよね。

そうすると、弁護士資格を得て、訴訟もできる以上は、訴訟にも取り組んで、紛争の事後的解決の部分をおさえつつ、予防法学に取り組んでいかないと、本当に紛争の予防はできないと思ったの。

日本の場合、企業の法務部が充実していて、海外留学している人もたくさんいるから、弁護士以上に実務知識が豊富な人もたくさんいると思う。でも、法務部の方々と資格を持っている弁護士との違いは、弁護士は、訴訟や和解など、紛争の解決のいろいろなやり方にすべて関与できるということ。弁護士が、法曹資格者として企業法務に関わっていくことの意味が、ここにあるのよね。

最近、あるセミナーで、「事後的解決をふまえてはじめて、予防法学がある。予防法学を突き詰めていくと、これは法制の問題に行き着く」というお話があったんだけど、本当にそうだなあと思った。

そういう意味では、弁護士は、もっともっと法制の改善に関与できる立場にあるし、関与していくべきだと思うけど。

S：僕自身も、法制システムの改善の問題には興味があるな。

社会のしくみが、従来のままではうまくいかない状況になってきてるでしょ。こんななかで、弁護士が活躍できる場はたくさんあると思う。

たとえば、弁護士は、法曹業界で唯一の在野なのだから、法曹という枠を超えて、市民的活動をもっとやっていくべきだと思う。行政のオンブズマン活動とか、人権活動とか、市民運動とか、市民のリーダーになって活躍できることがいろいろあるよね。

E：最近、企業の「○○総研」ていうのが、よく政策提言をやってるよね。政府と同等の立場でさ。弁護士も、もっとそういう提言的な活動をやるべきだよね。

S：法曹は、全体として社会へのコミットが薄い気もする。

さっき言った、市民的活動なんかにしても、弁護士はそれでは食えないでしょ。事後的救済で食ってるようなところがあるから、あんまりやらないのかな。

E：修習を通じて、法曹の役割がわかった気がする。

S：仕事してなくて暇だったぶん、視野が広がったな。今まで目を向けることもなかった社会的な問題をいろいろと考える余裕があったな。
　仕事との兼務が認められていたら、忙しくて、そんなことに目を向けられなかったかもしれない。仕事をやめないといけなかったことは、マイナスでもあるけど、こう考えてみるとプラスだったな。

E：修習では、仕事のノウハウみたいなものだけではなくて、視野を広め精神的なものも得よ、ということがあったかもしれない。

修習期間短縮について

E：修習って、いろんなことを吸収できて、二年間もあって、贅沢な制度だよね。

S：二年間は長かったな。僕は一年半に大賛成。
　実務修習は、裁判でも検察でもたいがい二カ月で飽きちゃった。

E：そうかな？　私は、四カ月してやっと慣れたというころに、その修習が終わりになった感じだったけど。

S：前期修習はカリキュラムの中身からすれば長すぎる。修習生同士仲良くなって、楽しい時期だから、そういう観点からは長くてもいいんだけどさ。

K：「五時から修習」ですよね。

S：そうそう。
　でも、まあ、修習で視野を広くするということまでを考えると、全体で一年では短すぎる気がするな。
M：実務修習期間が短くなってしまうと、実務修習は本当に「お客様状態」で終わってしまうから、実務修習をやる意味が半減してしまうという気がしますが。
E：ある実務修習を長くやるためには、実務修習を選択制にするようなことをしないと無理だよね。
S：でも、選択制にしちゃうと、選択しない職種の修習はやらなくなるから、統一修習の意味がなくなってしまうからダメなんじゃないの。
E：そうね。

修習生が体験した刑事事件

ビジネス・ローヤーが見た刑事事件

E：実務修習を通じて、社会の現実を見たなと思う。

　たとえば、検察修習中や弁護修習では、事件の被疑者に直接会って話したけど、自分とは違う境遇にある人々に出会って、一人一人がいろんな問題を抱えながら生きていることを実感したな。

　司法試験受かって、そのままビジネス・ローの世界に入ってしまってたら、そういう人とは会わなかったと思うし、とてもいい経験だったと思う。

K：でも、ビジネス・ローの世界に入るんだったら、そういう人に会っていろいろ考えたりすることは、仕事上は不要ですよね？　修習生の間にそういう経験をすることについて、修習として不要だという気持ちはありませんでしたか？

E：たしかに、仕事上は直接には必要ないかもしれない。でも、社会のなかで起きていることだから、知っていないと。そういう人がいることを知って、そういう人たちの立場で考えられないといけないと思う。人に対する思いやりの気持ちがもてないといけないと思う。これは、仕事上というより、人間として、ということかな。

刑事裁判の実際

S：僕は、個人的に、弱い立場にいる人たちの心の動きがよくわかるんだよね。

たとえば、世の中の刑事事件の判決のなかで、被告人の弁解を「不合理だ」といってるものが結構あるけど、そのなかには、強い立場の者から見ればそうかもしれないけど、その被告人からすれば不自然でも何でもないっていうことがあるんだよね。

僕は、いろいろな刑事事件を見たけど、被疑者や被告人の弁解とかを裁判官がどう見ているかを見たりするにつけ、刑事裁判は、強い立場の人の論理で運営されているなという印象を持ったね。

K：たとえばどういうことですか。

S：この前の刑事裁判の起案で、建造物侵入・事後強盗致傷罪で起訴された事件の判決を書くものがあったでしょう。被告人がある会社の建物の窓ガラスを壊して鍵を開け、中に入っていたら、警備会社の警備員に見つかって、警備員ともみ合いになってしまい、警備員に怪我をさせてしまった、という事案だったんだけど。検察官は、「物盗りのつもりで建物の中に入った、たまたま警備員が来たから物を盗れなかった」という事実構成で起訴してるんだけど、被告人は、窃盗の故意を否認していて、「物盗りをしようなんて思ってなかった。僕は、屋外で寝ようとしたんだけど、夜が寒かったから、建物の窓ガラスを壊して建物の中に入っただけ」って弁解してるんだよね。

この事案では、「単に中で寝ようと思ったというだけで、わざわざ建物の窓ガラスを壊してまで建物の中に入るか？　こいつは嘘言ってるな」って考えるのがたぶんこの世界の常識なのだろうけれど、頭ごなしにそう思うのではなく、事件の直前に奥さんに「ばか」と言われて自宅に帰りにくい事情があったんだから、被告人の心情を考えると、「ヤケになってガラスを壊した」という心理状態だってありうる、そんなに不合理でもないんだと少しでも思えるかどうか。

そうじゃないと、ぎりぎりの事案で冤罪が生まれるのではないかという気がする。

K：なるほど。それはもっともなことですね。

S：被告人の境遇や心情をわかったうえで、判決している裁判官もたくさんいるけど、あんまりわかってないんじゃないかと思われる裁判官も多い、という印象を受けたな。

あと、検察官も、弱い立場の人たちのことがわかっていないように思った。

取調べ修習のとき、被疑者の言うとおりの弁解で調書を作ろうとしたら、「こんな内容ではだめだ。こんなの嘘に決まっている」と突き返されたよ。でも、僕からすれば、どうしようもない犯罪に走ってしまう弱い人間の心理状態を前提に考えれば、あながち嘘ではないと思ったのだけれど。完全な人、強い人の理屈でしゃべらなければ、すべて嘘、信用できないと片づけるのがこの世界の怖さだとつくづく思った。

E：検事もつらいんじゃないかな。職業柄仕方ないところもあるし。

K：検察官調書については、検察官の側が、ある程度構成して、犯罪事実に沿うように作るようになっていますよね。そういう指導がされますし。検察官調書の役割がそういうところにもあるとすると、被疑者の弁解どおりの調書だと、検察官の取調べ、さらにはその結果の調書としては、不十分ということになるんでしょうか。

S：裁判官が、検察官調書をそういうものだと思って見てるかどうか。そういう視点は忘れないでほしいですよね。

刑事弁護修習

E：私は、弁護修習で刑事事件に関わるなかで、被告人や被疑者の人たちの立場に立って、考えることができたと思う。

被疑者との関わりといえば、一つ印象に残った事件があった。

被疑者が、つきあっていてふられた女性の裸の写真をその女性に送りつけて恐喝したという事案だったんだけど、なかなか示談が進まなくて。弁護士は、この件に関して、私の意見をかなり汲んで進めてくれました。それから、拘置所まで行って接見もたびたびしたなあ。被疑者にいかにわかりやすく公判手続の説明をするかっていうことも自分なりに考えてやってみたし。

裁判の結果、その人は執行猶予になったけど、私も思い入れを持ってやったから、その後その人はどうしてるのか、ちゃんとやってるのか、未だに気になるのよね。

私は、実務に出たら、刑事事件はあまりやらないと思うんだけど、実務修習で全力投球でやれたことは本当にいい経験になったと思う。今しかできないと思ったからこそ頑張ったところもあるけどね。

弁護士の仕事をやっていて、これから、もし、こういう事件に出会ったとしても、一回経験しているから、やれると思うしね。自分の幅が広がったなと思う。

S：それは同感。

M：私が修習させていただいた弁護士は、「普段はほとんど刑事事件をやらないけど、ときどき刑事事件をやるといいんだ」と言っていました。刑事事件を普段やらないのは、あまりにも重くて、民事事件で忙しいのに、軽々しく受任できないからだそうです。でも、「刑事事件って、いろんなドラマがあって、人間が生きていくことってどんなことだろうって考えさせられることがたくさんあるから、人としての生き方を改めて考えさせられるいい機会なんだ」と彼は言っていました。

S：刑事事件の弁護人は、弁護士の原点だと思うよ。
K：この職業が、民事の「代理人」からきた「代理士」ではなく、刑事の弁護人から「弁護士」と言われているのも、そういう意味があるんでしょうか。
M：弁護士になられたら、ぜひ刑事事件もしてくだされぱいいのに。
S：いや、僕は、ほかにやりたいことがたくさんあるから……。

修習生・弁護士を取り巻く人間関係

社会人が経験した「とまどい」
E：修習生をやって、世界が広がったよね。
S：そうそう。会社にいたころは、酒もカラオケもやらなかったのに。
一同：Sさんがそんなはずはないでしょう（笑）。
S：そのとおりです（笑）。でも、会社には同年代の人しかいなかったから、クラスや実務修習で二〇代の若い人たちと話す機会ができて、最初は緊張したけど、面白かったなあ。社会に出ると、同列の、フランクなつきあいっていうのがなかなかないんだよね。会社の中では、それぞれポジションがあって、ポジションでつきあってるところが大きい。
でも、研修所での同期のつきあいは、みんな同じポジションにいるでしょ。すごく不思議な気がした。

E：うんうん。

K：みんなが同列っていう不思議さなんて、感じたことありませんでした。私は社会人の経験がなくて、「みんな同列」の環境でしか生活して来なかったです。

S：学生からそのまま研修所に入った人にはわからないだろうな。社会で一〇年以上も働いているとね。最初すごく違和感があったよ。しかも、学生時代と違って、経歴も年齢もまちまちでしょ。

E：ある程度キャリアを積んでくると、それが自分の支えになってくるのよね。でも、研修所の中では、みんな同じスタートラインに立っていて、自分のキャリアがある意味で通用しない。だから、それを捨てて修習に臨まないといけなくなるわけ。これはなかなか大変で。

S：僕も、会社内で、弁理士として仕事していたから、会社の中ではそういう立場の者として、資格のない社員とは違うという気持ちでやってきていたわけだ。それが、弁理士という資格が、何の意味も持たない世界にやってきて、ある日突然、丸裸にされた気分。衝撃的だった。

法曹資格と人間関係

E：私たちは、これからは弁護士という資格をもって仕事をすることになるんだけど、そういう資格で人とつきあうのではない、資格が通用しない世界もある。そういう世界でいい人間関係をつくっていけるかが大事な問題だよね。

弁護士になるからといって、人との関係はいつもクライアントと弁護士という関係ではないから。資格に頼らない、対等な人間関係をつくることも大事だよね。

S：法曹界は、法曹資格者だけの世界だから、法曹資格の有無が重要な意味を持ってるという意味で資格が通用する世界でしょう。法曹資格者にとっては、居心地がいいんだろうね。だから、法曹界以外の世界では、僕が体験したような衝撃を受けてしまうからなのか、法曹は、法曹界に閉じこもりがちになってしまってはいないかと思うんだけど。

法曹界ってさ、「期」を大事にするでしょう。資格へのこだわりがそういうところにも現れている気がする。何期かということにこだわるのって、僕は好きじゃない。

E：そうそう。関係ないよね。

資格でつきあっていける世界で生きてると、ほかの世界で人間関係つくろうとしたときにも、資格で勝負するというか、資格にしがみつきたくなるんだよね。

K：資格の通用しない世界って、どんなイメージなんでしょうか。

S：たとえば、子育てをするのに、法曹資格があるかないかなんて、関係ないでしょう？　そういうイメージです。

謙虚になること

S：それから、法曹界でまずいなと思ったのは、単なるサービス業のくせに、いばってる気がすること。

たとえば、弁護士がクライアントを平気で長時間待たせたり、法律用語を多用して、きちんと説明しようとしなかったり。一般の企業では考えられないことだよ。

裁判官も、本人訴訟の本人に対して、手続のことなど、あまりわかりやすい説明をしていなかったなあ。

E：私が見た裁判官は、本人に対して優しく、わかりやすく説明していたけど。弁護士も、クライアントに対して、丁寧にやってたし。いずれにしても、法曹資格があるからって自分が偉いと思っちゃいけないよね。

クライアントは、自分とは別の世界で、自分の持ってないものをいっぱい持ってる。それを尊重する気持ちを持たないと。

S：でも、それをみんな実行できてるのかな？

E：もっと謙虚にならないとだめだよね。

司法試験に合格して司法研修所に入ってきた人たちって、エリート街道を走ってきた人が多いと思うのよね。でも、実務修習を経験するなかで、いろんな人と出会って、一回くらいは人への思いやりや相手を尊重する気持ちを感じたりしてきたんじゃないのかな。

S：思いやりがなくても、頭が良くて、さも思いやりがあるかのように振る舞う人もいたかもしれないけど。

E：人が相手の仕事だから、相手の気持ちがわからないとだめだよね。

ともすれば事件を機械的に処理して終えてしまえる世界だから、その点を意識しないと、だめだと思う。

教官との出会い

E：教官との出会いって、大事だったなと思う。ただ「教わる」という関係だけじゃなくて、いろんな刺激を与えあえたんじゃないかな。

S：僕は、教官との関係はうまく築けなかった。これまで、会社の中で、自分の責任でいろいろやるために、弁理士の資格もとって、弁理士として仕事をしてきたのが、急にまたペーペーに戻ったわけでしょ。そのギャップに自分の気持ちがついていかなくて。だから、教える立場である教官と、なかなかうまくつきあえなかったと思う。自分自身、閉鎖的だったなあと思うな。

E：私は、それがかえっていいんだと思う。つまり、教官は現場から離れてきているし、修習生は法曹界とは別世界から集まってきているから、それぞれのよいところを共有しあえる。

これからも、いろんなことを話せたらいいと思うな。

4　修習制度に関する雑感

法曹三者の立場が理解できる制度が望ましい

第五一期司法修習生は、修習制度の変革期の中にあった。司法試験に合格した平成八年度はいわゆる丙案がはじめて実施されたし、今後修習期間が一年半に短縮されるなか、二年間修習を行う最後から二番目の期にもあたる。「統一修習」は必要か。修習を終わる修習生が、その意味を振り返る。

現行制度について

現行制度の特徴を一言で表すなら、「統一修習」である。すなわち、法曹三者である裁判官、検察官、弁護士それぞれの立場に立った実務修習を中心としてカリキュラムが組まれ、修了試験となるいわゆる二回試験も、裁判、検察、弁護それぞれの科目について一定の水準を満たすことが要求されている。そして、建前上、修習終了後には、法曹のいずれにもつくことができるようになっていることが予定されている。

このような制度が採用されているのはなぜか。いろいろな理由が考えられるが、その一つとして、三者いずれの職務を選ぶにせよ、他二者の職務内容を知らなければ、自ら選んだ職責をよりよくまっとうすることができないことがあげられる。すなわち、裁判を中心とする司法制度は、法曹三者によって運営されており、どれ一つ欠けても維持することができない。刑事裁判を例にとると、訴追者としての検察官、被疑者・被告人の利益擁護者としての弁護人、判断者としての裁判官が制度上それぞれ認められており、三者がそれぞれの役割を十分果たすことによってはじめて社会正義を実現できる建前とされている。その際、他者がなぜそのような行動をとるのか理解していなければ適切に対応することは難しいのである。

さらに、統一修習制度の利点として、一つの事実を視点を変えてみることができる点があげられると思う。決まり切った事実のように思えても、立場を変えるとまったく別の事実として見えてくることがある。単純に被害者と加害者と割り切ることのできない事件もあり、相手方の立場に立たなければその主張は理解できないことが多いと思われる。その意味で、検察官と弁護人のように、まったく対立する立場に立つ訓練を積むことは有益であるし、対立する利益のバランスをとるリーガルマインドも涵養されるはずである。

そして、統一修習とは法曹一元の部分的な実現にほかならないことも重要である。ここに言う法曹一元とは、司法制度の利用者である市民に最も近い立場である弁護士が、裁判官、検察官と対等な立場に立ち、相互に交流することによって司法の官僚化を防止し、法曹三者の信頼感を基礎とした司法の円滑な運営、ひいては司法の民主化を実現しようとするものと捉えられる。いわゆる判検交流が行われているのに対し、弁護士任官制度はあっても実効性に乏しい現実からすると、統一修習による「入り口における法曹一元」の意義は大変大きいものである。

ただ、このように三者いずれの立場にも立った実務修習を行うとすると、修習期間が限られている以上、それぞれが細切れになり、じっくり腰を据えて修習に取り組むのが難しくなる点は否定できないであろうし、より専門的な技能の習得は、どうしてもそれぞれの実務家になってからの後回しにされてしまうこともあるだろう。しかし、期間が細切れになるというのは程度問題であるし、実務家になってからも自己研鑽に努めなければならないのは当然とも考えられるから、これらの問題点はそれほど重要視すべきではない。むしろ、専門的な実務家として視点や考え方などが固まってしまう前の頭が柔軟な時期に、立場の異なるモノの考え方を理解することの方がはるかに重要である。いずれの道を選ぶにせよ、他者の職務を経験することは決して無駄ではない。

今後の修習制度

このように見てくると、修習制度としては、十分時間をとったうえで、法曹三者それぞれの立場が理解できるような制度が望ましい。かといって、いつまでも修習だけをやっているわけにもいかないから、ある程度のところで割り切らざるをえないが、司法試験の勉強に明け暮れて実際の社会の仕組みや問題等に必ずしも理解が十分でない者が修習生の大多数であるという現実に鑑みると、ある程度の「ゆとり」を与える趣旨で（決して遊ばせるためではない）、二年間くらいの期間が本来適当ではないかと思われる。

しかし、一年半修習が実施されることとなった今、理想は理想として、実際の制度に対応せざるをえないのが現実である。カリキュラムがある程度過密化されることが予想される以上、社会の現実を見る「ゆとり」を保ちながらも法曹三者それぞれの職務を十分理解してゆくことは必ずしも容易ではないと思われるが、各人が工夫して実りある修習生活を送られることを願ってやまない。たとえば、弁護士を志望する者は要件事実を徹底的にマスターする、裁判官を志望する者は、当事者の立場に立って証拠の収集における苦労を実感するなどの目的意識が重要ではないだろうか。日常生活においても、ただ無目的で受け身のまま与えられた課題をこなすのではなく、将来自分はどういう法曹になりたいのか意識的に考える癖をつけておいた方がよい。修習生相互の交流を図って積極的に情報交換するなど、ある程度の要領も必要になってくるだろう。

むすび

ただ、他の職種に比べると、一年半の研修期間というのはまだまだ恵まれているし、工夫次第では充実した修習生活を送ることも十分可能である。時代に流されるのではなく、時代の変化に柔軟に適応して成果をあげていただきたい。

特別編

【五一期司法修習生座談会】

刑事弁護修習はいかに行われているか

二〇〇〇年度より本格的に修習体制が変わる。刑事弁護の質を保ち向上させていくためには、刑事弁護についての修習がどうなっているかが重要なポイントになってくる。修習終了直前の五一期修習生にその実態を聞くとともに、修習のあり方を探る（一九九九年一月三一日実施、『季刊刑事弁護』一九号〔一九九九年七月〕一六〇頁以下より転載）。

《出席者》

大橋恭子（おおはし・きょうこ）大阪弁護士会所属、修習地・大阪
小倉正人（おぐら・まさと）徳島弁護士会所属、修習地・徳島
黒木聖士（くろき・せいし）福岡県弁護士会所属、修習地・宮崎
小山優子（こやま・ゆうこ）大阪弁護士会所属、修習地・大阪
坂口唯彦（さかぐち・ただひこ）検察官、修習地・旭川
鮫島正洋（さめじま・まさひろ）第二東京弁護士会所属、修習地・東京

高森裕司（たかもり・ひろし）名古屋弁護士会所属、修習地・名古屋
中川美香（なかがわ・みか）広島弁護士会所属、修習地・広島
神山啓史（かみやま・ひろし）第二東京弁護士会所属、三五期
大出良知（おおで・よしとも）司会　九州大学大学院法学研究院教授

大出　今日は、修習修了直前のお忙しいところ、五一期修習生に集まっていただきました。
　本誌ではすでに二回こういう企画をもっており、その時々の刑事弁護修習の実情について率直な意見を伺ってきました。これから本格的に修習体制が変わっていくなかで、刑事弁護修習のあり方について、各弁護士会は具体的な検討をせざるをえない状況があります。修習生の意見も、この検討のなかに生かしていただければと思います。

前期修習

大出　前期修習の印象からお話しいただくことにしたいと思います。
高森　刑訴選択です。教官は一生懸命に話をしてくれるのですが、どうしても事件を離れて一般論で抽

象的なことだけしか言っていないので、前期は全然記憶には残らなかった。自分でこういう事件を手がけたときに、こういうことで困ったからこういうふうにしたという話をほとんどしてもらえないですから。普通の判例をあげていろいろと説明をしてくれても、受験時代に勉強してきたことと何が違うのかという感じでした。

大出　教官のほうには指導要領のようなものがあってやっていると思うのですが、他の方たちも同様の印象でしょうか。民訴選択の方たちはいかがですか。

坂口　教官同士で講義の内容が変わるかというのは、そんなに変わらないと思います。たぶん要綱みたいなものが最初から決まっていて、それを実際プリントとして配るかどうかはともかく、それに従って同じようなことをやっているのだろうという気がします。

神山　坂口さんの教官も、高森さんが言われたように、具体的な体験談はほとんどなかったのですか。

坂口　具体的な体験談もわりとあったと思うのですけれど、あまり印象には残っていません。

鮫島　私も民訴選択で、刑訴に対して基本的な知識が全然なくて、やはりわからなかった。ようするにスポット的にその講義ごとにテーマがありました。その時はなんとなくわかったような気がしたのだけれども、全体像がわかっていないので、結局全然記憶に残らなかった。

大出　そうすると、高森さんとは違った意味で記憶に残らなかったということですね。

鮫島　そうですね（笑）。

大橋　刑訴で新たにわかったことは、ほとんどなかったですね。

小山　先ほど鮫島さんが言われたように、スポットの講義があって、そこだけ聞いたらああなるほどとそれなりに知識が得られたのですけれども、全体の手続の流れがわからなかったので、実際に実務に行った時には、大きなクエスチョンマークばかりでした。

授業中どうだったかはあまり印象はないのですが、教官宅訪問の時に、刑事事件の話を伺ったことはあります。私自身は前期の刑事弁護教官の講義がとても好きで、問研、いわゆる白表紙起案をやった時の事実の見方とか、調書の日付の変遷からこういうことがうかがわれるのだということを改めて学びました。今までずっと受験勉強で抽象的な勉強をしていたので、具体的に事実を見るとはこういうことなのだと感激したりしました。

大出　民訴選択の場合には、それなりの新鮮さがある場合もありますか。

小倉　だいたい高森さんと同じような感じです。受験時代の繰返しをちょっとアバウトにした感じです。

黒木　僕はちょっと違います。たしかに普通の刑事訴訟法の受験時代の繰返しというのはありますが、実務で役立ちそうな細かい話も時々はしてくれたので、その点はありがたかった。

大出　この一〇年間ぐらいは、当番弁護士制度に象徴されるように刑事弁護は飛躍的にその姿を変え、豊富な経験も蓄積されてきています。そのような実情の変化を感じさせる話はありましたか。

とくに当番弁護士について説明はありましたか。

小倉　だいたいはありました。そもそも起訴前弁護がすごく大事だとわかったのは、実際実務に行ってからで、前期で言われても、時期が違うだけではないかという印象しかなかった。

神山　前期で起訴前弁護に焦点をあてたテーマが組まれていたとして、それがなぜ大事か、接見でどんな苦労をするのかという教官の生の話があれば、起訴前弁護がなぜ大切かがわかると思うのですが、そういう話はないのですか。

中川　教官自身は、私はあまりたくさんやっているほうではないですしとおっしゃっていたように思います。

神山　起訴前弁護は大事かということについて、当然教科書に書いてある紋切り型ではなんの意味もない。自分がこういうことをやってきたからこれが大事だということになるはずです。そういう気持ちを伝えられないといけないと思います。

大出　みなさんあまり印象に残っていない。前期修習中に刑事弁護に割かれている時間数が少なくて、教科書をこなすのに精いっぱいで、それに追われているといった印象があるのですか。

神山　刑事事件のほうでは刑事裁判と検察がありますよね。同じような問研や白表紙をやった時に、刑事裁判官や検察官は経験を交えて話さないのですか。たとえば取調べが大事だということは、検事は自分の体験から一生懸命に言いませんか。

小山　検察教官は自分の過去の事件をよく話されたのですが、刑裁教官や民裁教官はあまり話されなかったですね。

黒木　刑弁が一番出ないですね。

大橋　他のクラスの間でも、出ないという話を聞くことが多いかもしれないですね。

小山　たしかに、実務庁で会った先生方のほうが刑弁に熱心な先生が多かったと思います。こんな事件はこうしたとか、あんな事件はああしたという話をいろいろ聞かせてもらいました。

実務修習

大出　前期修習はあまり印象に残らないような状態で七月から実務地へ戻って、それぞれ実務修習を始められたということのようですね。実務修習の順番は、東京など大規模庁は弁護から始まり、大都市以外は検察からと聞いています。

　修習内容にもよるのでしょうが、刑裁から始まって弁護にいくと、刑裁の目で弁護を見てしまう傾向があると聞きますが、それはともかくとして、刑事弁護の実務修習にどんな印象を総括的にもっているのでしょうか。

小山　前期の刑事弁護の講義では、否認の白表紙起案が中心になるので、刑事弁護とは、記録をじっくり読んで、調書の矛盾点を探していくことだ、というイメージがありました。

　しかし、実際に弁護修習で刑事弁護をやってみると、否認事件なんて見当たりませんし、何より、記録謄写の終わるのが遅くて、じっくり記録を読むヒマがないという現実に驚きました。

　また、刑裁修習では、情状弁護のイメージがかわりました。以前は、情状弁護とは、なぜ被告人がこんな犯罪を犯してしまったのか、その犯行に至る動機の説明が重要だと思っていました。

大出　しかし、刑裁修習後は、情状弁護は、被害弁償と被害者の宥恕につきる。実務は結果無価値がハバをきかせているんだ、と考えるようになりました。

小山　弁護から始まった修習の時に、刑事弁護の割合はどの程度で、具体的に指導弁護士はどういう配慮をしてくれたのですか。

神山　教わった先生はほとんど刑事はやらないのですが、修習生が来るので特別に国選や当番弁護士の順番も配慮をしていただいて、うまく事件があたった。

小山　刑事事件の件数としてはどのくらいですか。

神山　三件です。

大橋　合同修習の時間はどれくらいですか。

大出　捜査、公判トータル三回ずつ、六回あったんです。昼の一時から四時までで、捜査の時は個々の修習生にこれくらいのバインダーの資料をいただいた。
　多くて修習生二二人ぐらいに対して、弁護士が四、五人いらっしゃるんです。おのおのが被疑者、被疑者の妻など役割分担でロールプレーのような形でします。

大橋　個人の指導弁護士についていた時より、合同修習のほうが大阪では印象が強いですか。

小山　しんどいばっかりできつかったという人もいれば、私はそれがとてもよかった。
　私はちょっとしんどかったという印象があります。ちょうど事務所に来た刑事事件のほうでいろいろ見せていただいたので、そっちの事件のほうが面白かった。

大出　大阪の場合には弁護から入って、どの時点で合同修習が入ってくるのですか。

小山　九月の半ばぐらいです。

大出　そうするとかなり早い段階で入ってくる。

小山　集中してやるというよりは、ぽんぽんとやってたみたいな。

大橋　週一ペースぐらいでしばらく続いていたような気もするんですけれども。

大出　大阪の場合には、弁護はいつまで続くのですか。

大橋　弁護は一〇月末、一一月末か。

大出　事件三件ぐらいと刑事弁護合同修習で刑事弁護が終わりになったということですが、刑事弁護の修習としてはそれなりのことをやったという印象が残っていますか。

小山　残っています。とくにゼミなどでは捜査段階がいかに大事かものすごく叩き込まれました。警察のどこそこのだれに会えとか、被疑者を捕まえるにはだれに相談すればいいのかとか、本当に具体的で、このマニュアルをみながら四月からなんとかやっていけるというくらいの中身だったのです。

大出　大阪は刑事弁護に熱心な方たちが多いですし、刑事弁護等委員会も活発な活動をしていますので、修習についてもかなり先進的な活動をしていると思います。しかし、他の弁護士会は必ずしもそうではないでしょうから大阪が基準にはならないと思いますが、それぞれどうでしたか。

高森　名古屋では大阪のような講義はしていません。ただ、合同修習で模擬当番弁護士の先生が被疑者と被疑者の家族役になって、二人一組で接見とか相談をするのが一回ありました。
　私の指導弁護士は、刑事をほとんどやっていないのですが、修習生のために国選を二つ取ってきてくれた。それから名古屋は当番弁護士が必ず全員に回るようになっていますから、当番弁護士も一回は必ず一緒に付いて行く。ただその日に何件あるかわかりませんから、それは個人個人ばらばらです。ぼくの場合は三件、四件ぐらいあって、そのうち一件は外国人のがありました。通訳の人にどうやって頼むかとかはその時にわかった。
　ただ、当番弁護士をやっても事件は受けない方針の先生なので（笑）、そういうのは普段刑事弁護をやっている人に任せたほうがいいと。扶助制度はまったく説明しませんし、このまま起訴されれば国選が付くからそのほうがいいよとアドバイスをする先生だったので、ちょっと残念でした。

大出　名古屋の場合には、指導弁護士以外の弁護士からなんらかのかたちで援助をもらうという体制はないのですか。

高森　修習担当者に相談すれば、どなたか先生を紹介してもらって行くということはできると思います。ぼくは個人的に何人か知っている先生がいましたので、事務所に遊びに行った時にこういう事件があるということを聞いて、では接見に行かせてくださいと、二、三回行ったことがあります。

大出　そういうかたちで高森さんが個人的に動くということ自体は問題ではないのですね。

高森　指導弁護士の先生が好き勝手にやってくれと言ってくれたので、少年事件も何件か行きました。

黒木　宮崎の修習生は四人です。弁護士会では、一回だけ二時間の刑事弁護の授業があっただけで、イベントみたいなものはないです。あまり充実していないみたいですが、捜査弁護で当番弁護士はあるので、接見にも二回ほど行きました。また、弁論要旨と控訴趣意書を一通ずつ書いたのと、当番弁護士で接見に行ったのと、私選の控訴審のために一件接見に行ったというだけです。

中川　私の修習担当の弁護士はあまり刑事事件をやらない弁護士だったのですけれど、たまたま回ってきたということで当番弁護士の接見を三件ぐらい見させていただく機会がありました。それぞれ法律扶助の説明もして、被疑者段階での受任もして、もちろん国選とか、一人は少年だったので付添人にまで付いていてくださいました。

広島では刑事弁護をやらない先生も結構いらっしゃるので、当番弁護士に関しては、希望する者は修習担当ではない先生が当番弁護士でも、接見に行く時にできるだけ付いていってほしいという方針をとっていました。

全体では刑事弁護の講義が三回ぐらいありました。一つは概括的なことで、一つは調書の内容をどうやって吟味するかという内容だったと思うのですが、ちょっと詳しい内容は記憶にありません。もう一つは接見の国賠の事件が広島に二件ほどありましたので、その話がありました。

大出　合同修習みたいなものと同時に、当番弁護士関係など、弁護士会として刑事弁護はこうやるんだというガイダンスみたいなものは最初何回かあったわけですか。

中川　かなり概括的な話でしたけれども。

高森　弁護士会としても刑事弁護が手薄になってしまうことがわかっているんですが、なかなかそのために特別なことができないものですから、なるべく当番弁護士に付いて行ったり、ほかの先生を紹介したり、とにかく相談に来てくれということです。

大出　宮崎はどうですか。同様のことはあったのですか。

黒木　ないですね（笑）。代替的に刑弁センターの会合に必ず僕たちが参加していたというぐらいで、それ以外にはなかったですね。

小倉　黒木さんと同じような感じで、修習生は四人です。事前講義というのはなくて、検事出身の弁護士さんの経験談を一時から五時くらいまで聞いて、後は飲み会になります（笑）。二人の先生についたのですけれど、最初についた先生は民事が専門で、修習生をとったということで刑事弁護を三件ぐらいしました。あとの先生は、刑事事件をよく受任する人だったので、接見が毎日のようにありました。一緒に徳島県下のあちこちに行っていたような気がします。

神山　徳島は合同の講義はあったのですか。

小倉　なかったように思います。

坂口　日常的に刑事弁護をされている方にお世話になりました。しばらくして、被疑者段階から共犯者が多数の事件を公判が終わるまでずっとご一緒させていただいて、一とおり手続の流れを学ぶことができたので勉強になりました。

僕自身は、先生のところで国選刑事弁護はおそらく一〇件近くやっているのではないかなと思います。もともと弁護士の数が少ないので国選がよく回ってくるのですが、先生が多めに取られたのかもしれません。ただ、修習生同士の話を聞くと、僕は恵まれていたほうです。まったく刑事弁護をしないという指導担当の先生もおられたので、修習生同士の格差が激しかった。

合同講義という点では、先ほどおっしゃられていたような、事務所を回って被疑者国選の講義が一回あった程度です。弁護士事務所を夕方訪問して、講義を聞いた後に酒を飲むというのが一〇回ぐらいあったのです。そのうちの一つ二つが刑事系だったという印象があります。

大出 それは、弁護士会が誰々先生の事務所へ行けというようなことでセットしてくれるのですか。

坂口 そうです。旭川では当番弁護士の機会があまりありません。ただ修習生が当番弁護士があれば話をまわしてくれと弁護士会の事務局にお願いしたところ、僕は予定がつまってしまって行けなかったのですが、僕以外の修習生は全員行きました。

大出 今まで伺ったところと比較して東京はどうですか。

鮫島 一口に東京と言っても、弁護士会が三つありまして、相互に交流というものはまったくないのです。

私は東京弁護士会だったのですが、東京弁護士会は修習生七〇人。一弁、二弁が各四五人ずつでだいたい一六〇人ぐらいで修習をやっています。東京弁護士会の場合は、一〇コマぐらいの刑事・民事を合わせた合同講義の期間があります。ところがそのうち二コマ出ればいいという制度なので、私はあまり刑事には出なかったくちです。その意味で実質的にはないといってもいいのではないか。

　私自身は、外国人事件にちょっと出てそれが非常に面白かった。一つ一つの講義は、たぶん民事にしても刑事にしても、それを専門にやっている先生がいらっしゃいますので、非常に生きたかたちで面白いとは思うのですが、出なくても済んでしまう。ですから今の大阪の話などを聞くと本当にびっくりです。

　指導弁護士は刑弁教官をやられた経験もあるということで、刑事系は普段はあまりやられていないみたいなのですが、腕とか知識は確かだなあと個人的には感じました。

　東弁の場合は、修習生をとったら国選一件をとるというのがノルマになっているみたいです。そのほかにたまたま少年事件が入ったり、そこの事務所のイソ弁の先生も国選をとったりしたので、合計で四件と少年事件一件ぐらいやりました。その件数は、東京のなかではかなり多いほうなのではないかと感じました。

　弁護士修習には前期を終わっていきなり入ったもので、先ほど話をしたように刑事訴訟法が全然わかっていなかったので、その時はためになったのかどうかわかりませんでした。今ちょっと刑事訴訟法の知識などを整理してあの時のことを思い出してみると、ああよかったなという感じはしています。

大出　刑事弁護をやろうとか、できるとか、やるべきだとかいうような印象を、修習の中でもたれましたか。

鮫島　いろいろ他にやりたいことがあるので、個人的には刑事弁護はあまりやらないと思います。ただ、やはり弁護士という職業の、非常に基本的な位置づけに刑事弁護があるべきだという感じはその時すごくしましたし、今もそう思っています。

坂口　旭川は弁護士の人数が少ないので頑張っていると思うんですが、人数的に大阪みたいな指導は無理です。むしろ地方の修習生にしてみれば、大阪でやっていることを前期にやってほしいです。格差が出てきてしまいますから。

神山　弁護士会がいつも悩むのはまさに言われたところで、刑事弁護の実務修習はどうしてもばらつきがでてしまう。そうすると、最低限の修習をどこでやるかが問題になります。そこで、ばらつきを避けるために合同修習にしたい。しかし、せっかく実務庁へ来ているのに、合同修習や講義ではないだろうという批判もある。

全部の修習生が集まり、しかも各教官室や教官は違っても講義内容は統一されているとすれば、それこそ前期修習で大阪がやっているような、身になる刑事弁護のロールプレイング的な講義を考えないと、一挙にレベルを統一するというのは無理だと思うんですね。

大出　刑事弁護については立派な活動をしている人たちが大阪にはいますから、その人たちが後輩にも刑事弁護をしっかりやってもらおうということで一生懸命になっているのがわかります。

神山　たとえば、今の刑弁の教官室でそういうことが企画できないとすれば、大阪のチームに発注すればいいわけです。そして実際に出前で講義の日だけその人が来てくれてもいい。外部セミナーというのはあるわけでしょう。あの外部セミナーを正規の時間に振り分けるくらいの思い切った改革があっていいように思うのです。

前期修習の講義と比較して大阪の実務修習での講義が圧倒的によかったということですが、具体的に何が違うのですか。

小山　先ほど言ったのだけれど、前期の講義のように、たとえば刑訴三二一条書面のことだけが問題で取り上げられているんじゃない。大阪では手続の時系列に沿って解説があります。捜査で逮捕されたと通知があった。電話が当番弁護士からかかってきました。この時あなたは何を言いますか、何をしますか、何を用意しますか、だれと会いますか。その時にたとえば被告人の衣類はどうしますかというような実務的なことをやってくださって、とても実践的だった。あの時間の流れで行くからこそ、捜査弁護が大切なんだということも理解できた。

大橋　たとえば、弁護人選任権でも、その言葉が先に出てくるのではない。内妻の人はどうなるのかを思い浮かべて、どうするんやろうと思ってから条文を見るから、頭にすごく入るんです。擬似体験ではないけれど、まずどういった説明を被疑者にしなければならないかを、逮捕勾留の一般的な説明からイメージしながら教示してくれます。

坂口　実務修習中の実際の接見とリンクするのだろうか。それを聞いた後だから、接見に一緒に行ったらすごく違うとか、そういうのはあるのだろうか。

大橋　まず一回接見に行って聞いた後の話だからすごくよく理解できた。

小山　こういう接見が理想的なんだという理想像ができ上がったことがすごくためになった。実際に接見に行った時に、接見ではこういうことを聞いたらいいんだとか自分なりに理解できた。

神山　将来弁護士になったとして、その活動の基準みたいなものが自分の頭に描けるわけね。

大橋　こういうふうにやればいいんだというイメージ的なものがやはりあって、それと照らし合わせて興味のある修習生は個別に相当の先生のところに行って話を聞くなり、どの人のところに行けばいい話が聞けるのかというのがわかる。それは結構大きいのではないですか。

大出　それは大きい修習地の大規模庁のいいところかもしれません。

刑裁・検察修習との比較

大出　これではちょっと刑事弁護がかなわないじゃないかとか、刑裁はかなり徹底的にやっているなとか、やはりこれだったら検察のほうがいいやとか、それぞれの分野での修習との比較の中で刑事弁護がどの程度のものになっているのかという点はどうですか。

小倉　検察、刑裁はやることが決まっている感じがあって、それを淡々とこなす感じが強い。刑事弁護になると、接見にひっきりなしに毎日のように付いて行き、その間に起案を書くというのでちょっとつかみどころがない。弁護士会としては、修習生が行っているところに国選弁護事件をまわすぐらいのことになってますね。

大出　やはり印象が薄いということになるのですか。

小倉　個人的には、先生との関係で印象はとてももっているのですが。講義の中身は、やはり印象が薄くなると思います。

黒木　個人的な意見ですけれど、検察だったら構成要件に該当するようにきっちり供述を取っていくという作業で、刑裁はひたすら記録を読んでという感じで、三カ月ぐらいしたら疲れて飽きてきたのです。弁護修習の場合は検察、刑裁と違って情状だったので、構成要件はあまり考えずに、その人の人生にこれからどういうふうにして対処していくかみたいな人間的な面について考えていった。その意味でも他と違って、自分の人格がちゃんとしていないとちゃんとしたことを話せないなというので、刑事弁護ではそういう面でちょっと自信を喪失してしまいました。そういう情状の意味ではすごく成果が大きかったです。

高森　刑裁に行ってはじめて、弁護士は刑事事件ではお客さんなのだと思いました。極端にいうと、あそこは検察官と裁判官の法廷で、二人が馴れ合いで有罪にするための手続で、そこに一応法律に弁護人がいないといけないと書いてあるから、どうぞ来てくださいと。検察に行って、検察官も弁護人がこうやってくれないとか、弁護人が窃盗の弁護で付いているのに、被害弁償について何も聞かないからこっちが仕方ないから聞いているというのを聞いて、刑事弁護もあまりできてない人がいっぱいいるのだなというのがあった。

中川　私は今話に出たのと同じ印象です。

鮫島　ほぼ同じですね。やはり法廷というのは二対一なのではないかという印象がすごく強いです。裁判官も弁護士の言うことをほとんど聞かない。個人的には刑事裁判官に対して頭に来たのと、刑事弁護というのはなにか空しいものだなという印象を相当受けました。

大出　刑事弁護はお客さんだという実態はまさにそうかもしれませんが、本当にそれでいいのかというのは別問題だと思いますが。

坂口　性質上、取調べをするのであれば、事件にも被疑者にも近づくことができるという意味で検察修習自体が一番充実するのではないかな、というふうに感じました。

僕は検察修習、弁護修習、裁判修習の順序ですが、裁判修習で実際判決の原案を書く時に、最後の被告人質問とか、最終の弁論に向けた弁護活動ができていたのかなという疑問を感じる弁護士もいました。

弁護修習で言うと、件数を何件やるとかいうよりは、むしろ一件でもいいからかなり深く事件を一とおり最初から最後までやることで、いろいろ学ぶところがあるのではないかと思う。その点で僕はすごく恵まれていたかなと感じます。

大出　良い悪いはともかくとして、現実としては刑事弁護修習から刑事弁護が見えてくるのではなくて、刑裁修習や検察修習から見えるということですね。今、日弁連が主張している法曹一元ということになれば、本来は弁護士のなかから裁判官を出していくことになるわけで、それは弁護をしないと裁判が見えてこないし、検察も見えてこないのではないかという前提があると思います。つまりそれは被疑者・被告人の立場に立つということです。

大橋　先ほど神山先生が大阪の刑弁がそこまでなぜしなければならないのかというお話だったのですが、一点思うのは、刑裁修習が一番最後だったのですが、四カ月間で、教わったような弁護活動をされる弁護士に何人会えるかなと思ったのです。もうそれこそ一人、二人ぐらいで、もしああいうゼミがなかったのであればこの程度なのかという受け止め方で終わっていたと思う。また刑裁で、すぐ否認させるとか、一生懸命やっているけれど無理な筋だけれどどなあという検察官の意見なども聞いて、物の見方が変わればこんなに評価が違うのかというのがあった。やはり刑弁の世界だけでは見えないものが、検察庁に行って、また、刑裁修習に行ってあるという気がとてもしました。

小山　いま大橋さんが言われたように、刑弁ゼミで具体的なことを聞いていたので、その目で見た時には、不十分な弁護というのはずいぶんたくさんあるものだなあと実感しました。弁護人がたとえば国選弁護人で非常に不熱心であれば、裁判長がそれを補充しているとか、あるいは検察官が情状証人がこれは弁護士が聞くことではないのかというようなことをやったり、そういうような変な話なのですが、弁護士はいらないのではという思いをした一幕もあったのは確かです。

刑裁の時にある裁判官に、弁護士不要論というのはありますかと聞いてみた時に、そんなことはないとおっしゃいました。もっと刑訴法上の手続で弁護士が掘り起こせるところがたくさんあるのだということを、もっと主張してもいいと思うし、それはもっと勉強しろというようなことを言われて、そのとおりですという感じでした。

神山 検察や裁判修習からみて、弁護士がお客さんに見えた。しかし、大阪の話を聞いていると、大阪修習はそういう合同修習があったおかげで、本当にやる人もいるのだという実感がもてた。他の地域はどうですか。そういう実感はもてずに終わっているのでしょうか。それとも、他の地域でも頑張っている人もいるよという実感はもてて帰ってきているのでしょうか。

坂口 実務修習中、とくに争いのない事件での刑事弁護の一つの指針は、いかに「お客さん」からの脱却を図るかだと思います。

最もそういう印象をもったのは、無銭飲食で何十年もずっと刑務所を出たり入ったりの繰返しで、もういい情状が見つからないのではないかという事案でのことでした。その弁護士は、おそらく前科調書を見ていて、その間に何年かだけやっていない時があったのを見つけたのでしょう。その時の話を被告人から聞いて、その時に働いていた上司を情状証人として呼びました。その上司もいい方だったみたいで、被害弁償もしてくれて、情状の証言で、もう一回やり直す気があるのだったらもう一回雇いたいという話をされました。結局それが実際の刑にどれだけ影響を与えたのかはわからないのですが。結果的にいうと、量刑上はお客さんからの脱却はできたかというのは疑問なのですが、ただ、この弁護士の取組みを通じて被告人に与えた感銘力というのはとても大きいと思うのです。

とくに情状弁護では、弁護士は、なんとかしてお客さんを脱却して、法曹三者を巻き込んで、法廷全体に被告人の更生をみんなで考えるような雰囲気を醸し出すのがプロだと思うのです。そういうプロに値する刑事弁護を見て、争いのない事件でもやりがいがあるということを感じました。

高森　名古屋でも、絶望して帰って来たわけではないです。お客さんだから何をやってもだめだというのではなくて、一生懸命にその中でも頑張っている人はやはりいます。

大出　そういうことを刑裁で見るのではなくて、弁護の時に見るというのは難しいですか。

坂口　たしかに視野的には、刑裁修習のほうが広がるんですよ。いろいろな弁護士さんと接しますから。ただ、大阪の話を聞いていてうらやましいなと思ったのは、大阪の人たちはこれが理想像だというものをもってお話をされていますよね。私の場合はそれがなくて、刑事弁護がどうなんだという話をしているので、どこまでやったらいいのか悪いのか全然わからない状態なのです。その意味で、刑事弁護修習で大阪みたいなことをやるのはすごく意味があると思います。

神山　一番大事なのは、いま坂口さんが言ったように、刑事弁護はお客さんではないという実感をもって卒業できるかどうかです。将来、刑事弁護を裁判官や検事の立場になってみる時、だいぶ違うものがあると思う。実務修習であまりにも質がばらばらになっているとすると、研修所の中で、刑事弁護の中身を教官室が考えなければいけないことになってくる。そこに無理があるのだったら、各単位会がなんとかして実務修習中にそういう実感を一つでもいいからもって帰ってもらうような方策を考えなければいけない。それで僕たちも弁護士会でどうやればそうなるのかというのを悩みに悩んでいるのだけれども、なかなかいい答えが出ない。

小倉 僕が最初についた先生も私選だったのですが、どんどん上告を出していったり、夜中まで起案を書いて出したり。民事のほうが遅くなるのですが、そういうのをあまり顧みずに。だからちょっと評判が悪くなるのですが、それでも頑張る先生だったのです。

二人目の先生もそれぞれ頑張ってやっていたように思うのです。否認する時はするという感じで。また、そのなかでも若い先生は国選弁護でも戦っていくということで、高裁までずっと上がっている事件も見ましたし、徳島は頑張っているなあという印象をもって帰ってきました。

大出 刑裁とか検察との比較では、相対的に埋没してしまっているという印象を受けますね。

小倉 大勢としてはそうです。そのなかで頑張っている。

黒木 法廷の場で弁護士がどれだけ活躍できるかという点では、事件の内容からして、有罪か無罪か、有罪でも懲役何年かというのは、普通、法曹だったらわかって、あとは弁護士としては被害弁償するかどうかぐらいしかやることがないのです。僕としては、法廷でどれだけのことができるかというよりも情状で争う、情状しかなかったら法廷外で被告人といろいろな話をして、社会復帰ができるように話してあげる。そういう法廷外の活動のほうが重要かなという気がする。

中川 広島も国選を主にされている先生は決まっていて、そういう先生はどういう活動をするかということは裁判官も検察官もわかっている。その意味でお客さんというか、来ても来なくても同じみたいな感じの雰囲気の法廷もいっぱいあるのです。弁護士が頑張っている事件もありますし、うちは二カ部しかないので、どちらの部にもそういう先生が入って頑張っている事件を見ます。そういう先生は弁護士会でも、会務などをやっていらっしゃるので、修習生と個人的に面識があったりして、修習生が刑事弁護というのはすべてお客さんだという感覚で見ていたということはないと思います。個人的にこの人はお客さんだねと思われる弁護士はいますけれども、全体がそうだという印象は広島ではなかったと思います。

大出　刑事弁護の実情を見ると、圧倒的に多いのが情状弁護です。しかも情状弁護は個別性が強く、一つひとつの事件で全部違うといってよいでしょう。さきほど坂口さんから話がありましたが、弁護士がどのように情状を見つけていくのかは、どこまで努力するかにかかっている部分もあるでしょう。

そのような意味で、弁護士になって刑事弁護をやるということになれば、情状弁護が大きな比重を占めることになると思いますが、その情状弁護について、みなさんはどのように見ておられるのでしょうか。

鮫島　その点に関しては、刑裁の時に要約調書なのですが、情状証人の尋問調書というのを書かせてもらった。その時に思ったのは、尋問自体は二〇分とか三〇分ぐらいあるのに、書き上がると二頁ぐらいしかないんです（笑）。私は一生懸命、二〇分を再現しようと書いたのですけれど、全部いらないと削られて、結局残ったのは被害弁償が済んでいるかどうかと、あとは職場復帰ができるかどうかと、家族関係がちゃんとあるかどうかの三点ぐらいしかなくて、あんなに尋問しても

大出　これだけなのだと思いました。

鮫島　それは中身としても、鮫島さんが修習生という立場からすれば、それなりのことを聞いていたのではないかと思うにもかかわらず裁判所が切ったということなのか、それとも感銘力の点において切られてもしようがないなと受け止めていたのでしょうか。

大出　どちらかというと後者です。結局相対的に見て、情状で特別なことを聞いて特別よくなるということは、類型的に今言った三つぐらいだろうと思うので。逆に弁護人の活動として、普通の事件はそれだけ聞いていればいいのかなという印象をもちました。

坂口　坂口さんが見られたのとはずいぶん違う話なのですが、坂口さんが経験されたなかで、さっきの事件以外に、今鮫島さんが言ったような関係でおっしゃることはありますか。

神山　さっき言ったこととも関連するのですが、情状での尋問で感じたのは、その場でいいことを言わせるとかいうのではないのです。下準備だと思うのです。最初になんとかいいネタを見つけてくるところから始まると思うのです。

　弁護修習ではそれを学べる。刑裁修習では結果しか見ることができないんですが、その時の裁判官のリアクションや量刑への影響を見て、効果的な情状弁護はどのようなものかが学べる。

　さっき鮫島さんが言われたことはあると思う。裁判官のほうが情状について、非常に画一的な要素がある。その要素にヒットするかしないかということで分けていく。裁判官がたとえば坂口君が言ったような弁護を見て、裁判官室へ戻ってきて、今日の弁護士なかなかいいことを聞いていたねとかいうことを目にすると、ああやっぱりああいう情状のやり方もあるのだという、それは裁判官の量刑に直接ヒットするかどうかは別にしても、価値のあることなんだという印象をもって帰って来れるわけです。どういう印象をもって帰って来るかがえらい差だと思うのです。

大出 そこは裁判所が最初から聞く耳があるのかないのかにも関わるわけでしょう。

高森 多くの先生がむしろお客さんだとさっき言ったのは、もう一つは検察官とか裁判官に情状まで心配させてしまうというか、弁護人がやらないのでこっちがやらなければいけないというパターンの先生が多かった。たまに一生懸命に頑張っている先生は、裁判官が求める基準の情状の要素というものを、公判の前の段階で自分の足で探してきている先生が多いのです。

小倉 だいたい今高森さんが言ったようなことですけれども、弁護士数が五〇名ぐらいだからだいたい裁判所の評価も定まってます。それであの先生はいつもああだとか、そんなに変わることではないのですけれども、今あの先生の言うことはよく聞いておこうという。やっぱりいい加減にやっている先生は探すほうでも裁判所のほうで探しているという感じです。

大出 たしかに小さなところだとその評価が正しいかどうかはともかくとして、個々の弁護士に対する一定の評価が前提になるということがあるのでしょうね。

さきほども少し言いましたが、たぶんこれが一番教えにくいというか、修習しにくいところで、本当に経験の蓄積しかないということではないかという気がします。それぞれの事件やそれぞれの被告人の立場を踏まえた情状弁論というのは、弁護人がその事件の中身や被告人の立場をどこまで自分のものにしているかに関わっていると思うのです。

たとえば上申書をもらうということにも、弁護士がそこまでやらなくてもいいという考え方の人もいる。被害弁償に弁護士が行っても全然受け付けてもらえなくて、何度も足を運んで怒鳴られてみたり。若いうちはエネルギーもあるから、なんとかやっている。けれどもだんだん年配になってくると、量刑上どの程度の影響があるのかわからないのに、そこまで苦労することはないと思うようになる。しかも国選でそこまでやらなければならないのかという議論はずっとあるようです。

大橋　そうするとそこはなかなか修習にならない。大阪もそこはあまりないわけでしょう。

小山　そういうテーマ設定されたコマもなかったですね。

私はむしろ刑裁の時に情状についてよくわかった。裁判官が何にポイントを置いているのか。被告人が反省している、かわいそうだという状況はいくら言ってもあまりポイントにならないということです。いかに被害弁償をしているか、被害者が宥恕しているか、これに尽きる。だったら法廷外で弁護士も一緒に何度も足を運んで、頭を下げることしかないですね。

情状証人に対する尋問で、弁護士であっと思うようなあまり人はいなかった。逆に弁護士が連れてきた情状証人に対する検察官の反対尋問であっと思うことが多かった。一つは酒酔い運転で起訴された事件で、酒気帯び、酒酔いで起訴までいってるからかなり悪質なんですが、奥さんが来て弁護士のほうからは「これからは監督できますね」「はいできます」と「酒を飲むといったらどうしますか」と言ったら「飲ませません。約束させます」といって終わりますね。検察官がぱっと立ち上がって「もし仕事上飲まなければならないこともあるのだから、あなたどうする気ですか」と言ったら「約束します」の一点張りだったときに、本当はこれは弁護士がやることだったと思うのですが、検察官が「タクシー代を持たせてあげようと思いませんか」とすごく具体的に反対尋問で突っ込んでいった。あっこういうふうに具体的に聞いていかないと説得力がないのだと思いました。

後期修習

大出　前期修習、実務修習と終わって、後期修習に話を少し移したいのですが、どうも後期は、二回試験が頭にあって、その準備に追われてしまうという話も聞いています。実務修習を終えたということで、とくに刑事弁護という点について、どのような印象をもったか伺えればと思います。

大橋　起案も前期中は単に苦痛だったのですが、後期では、具体的にこういう事件を受けた時に自分はどういう弁論要旨を書くのか、だいぶ具体的なイメージを持ちつつ意欲的に取り組めるようになりました。一月半ばごろに模擬裁判があるんですが、弁護人役で参加しました。そのお陰でだいぶトレーニングになった。起案中心と呼ばれる後期の中では参加することの意義がすごく大きかった。

もう少し尋問技術の勉強みたいなものを事例に基づいてやってもらえたら、すごく役立つという気はしています。

大出 後期に入ると模擬裁判はあるかもしれないけれど、やっぱり起案中心になるということですか。

大橋 起案と事例、問題研究です。刑訴の勉強みたいな。

大出 最初、民訴選択で入った方はどうですか。

高森 だいぶわかるようになって、その意味では実務修習は良かったと思うのですが。大橋さんのおっしゃったように、相変わらず講義が結構あって、どういう観点でテーマを選んで、なぜそれをやっているのかというのがどうも今一つわからない。二回試験と関係があるのかなと変な邪推をしたことがあります（笑）。

大橋 そうそう、言えてますね。

高森 テーマ自体は証拠開示とか、外国人の強制退去だとか、悪くはないと思うのですが、なんでこの時期にそういうものをするのか。いろいろなテーマがある中からあえて証拠開示なのかとか。

小倉 私も試験のためにやっているような印象しかないですね。

本格的な尋問というのはどんなふうにやっているのかは、地方では見られなかったので見てみたいと思います。それは後期の授業ではなかなか難しいことですか。

大出 もちろん二回試験がある以上そうなってしまう部分があるのでしょうが、もっと有効に使う方法があるのではないかと思います。

小山　講義のテーマの選択については研修所が気にかけていたようで、弁護士倫理や外国人問題が入っていたのも、時代をすごく感じます。一番最初に控訴をやったのも、少しでも広く知識を与えようとしている方針なのだと思っています。刑弁教官の講義のやり方もこうするのがいいという具体的問題を提示してくださったので、私はすごく勉強になっています。ただ、実務をみたからこそやって欲しいのは、尋問技術に関する講義が一番聞いてみたいところだと思います。

黒木　後期の刑事弁護の講義は、普通の刑訴の勉強の繰返しみたいになってしまっています。もしやるのだったら大阪ではないですが、例題を出して、それに対してどう対処するかというのを研究していくほうがいいのだと思います。僕は模擬裁判では弁護人をやったのですが、尋問でとんちんかんなことばかり聞いてしまったので、尋問技術についても実践的なものがあったほうがいいと思います。

テクニカルな話なのですが、講義の時に全然プリントが配布されないのです。黒板に二〇ぐらい刑集の判例などを書かれても、それを写すだけで大変というのがありました。

また、起案の講評でも、教官自体は証拠構造をちゃんと見ろと言われるのですが、口で言われても何が何だか、誰の供述をどこの事実を拾ってというのがわからないので、証拠の整理の仕方とかもプリントにしてくれると助かります。刑裁ではそういうふうにやっています。検察ではOHPで、どういう証拠でこれを認定していくかという証拠構造をちゃんと説明してくれます。刑弁だけでは、どうしても事件の証拠構造がわかりにくいのです。

大出　後期の場合には、刑弁教官室にもマニュアル的なものがあって、最低限教える内容が統一されていて、それ以外のことはあまりやられていないということですか。

黒木　しかし、刑弁教官室が一番工夫がない（笑）。

高森　教官個人という問題ではなくて、刑弁のカリキュラムの組み方がただ講義が並んでいるだけなんです。検察は事例研究とかあって、実務庁で自分がやった事件をそれぞれが発表して、どういうところで悩んだかとか、どういうところで苦労したかとかをまたみんなにも考えてもらうことをやっています。

　民裁とか刑裁は起案中心ですけれど、講評もそれなりに工夫をしている。刑裁などは、前期に比べて後期のほうが事実認定の証拠の取り方など、かなり技術的な話が多い。実務を見て来たので、手続的なところがある程度みんながわかっていて、自分で判断する経験もしているので、それを踏まえて裁判官としてはこういうふうに直接証拠、間接証拠を区別してとかかなり技術的なことを言ってくれている。刑弁だけは前期とどこが違うのかなと思いました（笑）。

黒木　クラスのみんなに聞くと、刑弁の起案が一番難しくて書けないと言っています。それならば講義より一つ起案を増やしてもいいのではないかなと思います。起案は全部三つずつという共通なので、それもできないのかもしれませんが。

大出　書けないという理由はなんですか。

黒木　検察だったら、最初犯人性から検討して次に構成要件を一つずつ拾っていくというスタイルがありますから、それに乗ればいい。刑裁は重要な点から検討していけということで、自由ではあるのですが、半分は判決というスタイルがあるのでやりやすい。一方、弁論要旨は一〇〇％自由だから書きにくいということもある。講評の時にいろいろなスタイルがあるよとしか教官が教えてくれない。たとえばこういうスタイルがあるよと、いくつか提示してくれれば弁論要旨のイメージができるのですけれど、そういうイメージが全然できないですね（笑）。

大出　刑事訴訟法上の原理原則では当然挙証責任は検察官が負っているわけですから、そのような大原則を前提に批判的に弁論要旨を作っていく。つまり、原則的には、疑いを出していくということでいいわけでしょう。けれども実態はそうなっていない。実は挙証責任は弁護側にあって、有罪推定が働いていて、裁判所などにも露骨にそういう人がいたりするのですが、そういうなかで弁護側が、どこまで無罪だという心証を裁判所に与えられるかどうかで勝負が決まるみたいな実態があるわけです。

とすると、疑問を出すというだけではなく、無罪だとか無実を証明するつもりで主張立証していかないと通らない。そのあたりのところが、原則として頭の中に思い描いているものと実情とのギャップで混乱していてとらえられなくなってしまっているということもあるのかもしれませんね。

おわりに

大出　最後に今後の弁護修習に期待すること、工夫する必要があることなど、総括的な意見をそれぞれ述べていただいて終わりにしたいと思います。

中川　実務修習の刑裁で刑事弁護を見たことは、一つ一つが生の事件なのでそれを自分だったらどう解決するのかというかたちで突きつけられて、いろいろ考えることができました。こういう弁護であってはならないという反面教師も含めて、役立っていくのではないかと思っています。

　刑事弁護修習については、前期もそうなのですけれども、後期に関して、もっとケース・スタディみたいなものを増やしていただければ、具体的に自分がどういう活動をしていくのかというイメージが湧いていいかなと思うのです。

　ケースといえば、刑弁の起案も三つあったのですけれども、それぞれにいろいろな論点がある。それに加えて刑弁はすごく虐げられていて、講評が民裁は四コマ、三コマととられているのに一コマしかない。そのなかで自白の信用性とか任意性をどう判断するのか、情況証拠をどう見るのか全部を検討しなければならないのです。結局起案の一つ一つが消化不良なんです。

　この尋問のこの部分はどういう意味があるのかまで、私としてはしっかり消化していきたかったという気持ちがあるので、刑訴法上の論点について講義をするくらいだったら、起案を踏まえ

大橋　たうえで、この部分についてどうかということを講義の中で触れてほしいという希望があります。一番はじめにお話ししたように、前期はあまり興味が持てなかったのが、実務ですごく興味が湧いたので、二年間のどこかで、刑弁って面白いという場面を修習生みんなが公平に与えられないと、いい弁護人も育たないし、その人自身にとっても不公平だという気がするのです。だからそういう機会にたまたま出会うのではなくて、もっとシステム的にそういう機会の保障を研修全体がしないことにはいけませんね。具体的にそれはどうしたらいいのかと言われると難しいのですが、刑弁教官にもっともっと具体的な話を語ってもらいたい。

鮫島　前期後期の講義中心というのがあまりよくないような気がします。さきほどの大阪の時系列的にケースに基づいてやるというのはいいなと思いました。そういうものを前期から取り入れていくとか、後期の模擬裁は一回しかないのですが、たとえば尋問中心の模擬裁とか、手続中心の模擬裁だとか、実際にやっていくのはいいのではないかと思うのです。とくに後期は一とおりみんなわかって帰って来ているわけですから、自分たちが動くようなことをやったほうがいいのかなという感じがします。

坂口　模擬裁はとても賛成です。むしろ前期の頃からやるべきだと思います。
　最終的には、一人一人が法律家としての能力を結果的には高めるわけですが、せっかくたくさんいるのだから、むしろ相乗効果として、それぞれが講評を受けるかたちではなく、もっとみんなで高めていくというようなかたちができたらいいのかなと。

後期は実務修習で、検察官も弁護人も裁判官の活動をせっかく見ているのですから、最低模擬裁でそれぞれのパートを一回ずつやるくらいの機会があったらいいのではないかなという気がすごくします。一人で起案するよりは、みんなで一本の弁論なり論告なり判決を仕上げることを通じて、こういう書き方もあるのだとか、こういう事実も拾うのだろうかとか、すごく学ぶことが多いと思うのです。

小倉　今のやり方は、一人も落とさないように出そうなところをやっているという印象で、あまり情熱が湧かないというのが私自身の実感です。あまり積極的に参加してこなかったのですが、模擬裁では、大多数が傍聴人とか刑裁関係ですね。民裁を見ているほうは、結構クラスの大多数がそっちのほうを充実させてくれたほうがいいと思っていました。

大出　みんなが役割を分担するわけではないのですね。

大橋　半分弱ぐらいで、後はギャラリーですね。

小山　刑弁の起案で、供述の任意性や信用性の争い方とか事実認定の拾い方というのは、刑裁とほとんど重なってしまっていています。弁護修習で弁護の白表紙というのは本当だったら被告人の本当の話を接見で聞いたうえで弁論を組み立てられるのが理想です。しかも検察官の論告を読んでそれに対して反論していくはずのものなのに、白表紙からすると裁判官の無罪バージョンを弁護人の立場から書くみたいな、すごく悲しい感じがします。だったら捜査段階での争い方をやってくれたほうが、四月から弁護士になるというときに役に立つのではないかなと思います。

黒木　たとえば起案が弁論要旨中心です。控訴趣意書の起案が一回あったくらいです。夏季合研で準抗告の起案があったのです。そのほかにいろいろ刑事弁護で書類を書く時は、たとえば二号書面についての意見書とか特殊な書類、勾留理由開示とか、勾留取消しなど、いろいろ手続の書類があると思うのですけれど、そういうものも書く起案なりがあればいいかなという気がしています。

模擬裁は大がかりでかなりエネルギーを使うので、これから修習期間が一年半になることでもあるし、何回もできないという気がしています。ただ、民訴刑訴の両訴になると、講義自体をする必要がなくなると思うので、その時間についてそれぞれケース・スタディのようなことももっと増やせるだろうし、たとえばビデオを使って被疑者の言い分などを映像で流して、これについてどういうふうに対処するのかみたいな話をするなり、起案するなりもできるのではないかなという気がしています。

高森　刑事弁護については一番いろいろ文句を言われますが、カリキュラムとしてやるのは難しいと思います。逆に言うと、すべての修習生に平等に何かを教えようとか、マニュアルを提供しようということを刑弁教官室があきらめたほうが面白い講義ができるかなという気はします。

たとえば検察の起案の白表紙がありますが、ここでは捜査の証拠を見て起訴するかどうかを考えます。同じ事件を使って、今度は刑弁教官があれで弁論要旨、刑弁ではどう弁護活動をし弁論要旨を書くか、そういう具体的な事件を一つ与えてそれを前提に話さないと刑事弁護の理解は無理という気がします。

大出 今、高森さんが言われたことは、前から議論になっているところですが、同じ記録を使って、それぞれの立場からやってみるという共同作業はまだ行われていません。教官室全体として、修習生がある程度理解できるような素材を使うことを考えるべきでしょう。少なくとも、議論は始めてもよいのではないでしょうか。

他方、共通のものを与えることを考えないほうがいいという意見もあるのですが、その場合であっても方法として何を提供するのかは問われると思います。中身はそれぞれに自分なりにもてばいいが、方法は共通にしなければならないのではないかとも思われます。

近い将来、被疑者の公的弁護制度ができることになると思うのですが、そうなった時も是非それを支える実務家になっていただきたいというのが私のお願いです。このお願いを最後に、座談会を終わりにしたいと思います。ありがとうございました。

エピローグ

二一世紀の司法修習を展望する

——修習改善のための提言

【座談会】

弁護士になって、約半年後の座談会。修習を終えて、新たに見えてきたもの、やっぱりそうだった、というものを語り合いました。話している間に、話題は裁判官への愚痴に、そして司法改革問題へと発展していきました。参加者は本書編集委員会の新人弁護士六名。

一九九九年一〇月二三日。

A　今日は、五一期修習生が、弁護士になって約半年目に、修習を振り返って、どんなところがよかったのか、あるいは悪かったのか、統一修習の意味はあったのか、弁護士の立場から、そのあたりのことをざっくばらんに話そうと思います。

民事編

●要件事実教育について

A　まず、民事からいきますが、民事といえば要件事実ですが、研修所の科目は、要件事実偏重になっていないか、ということは、前から言われているところで、実際そうだったようにも思いますが、要件事実教育などについて、どうですか。

C　要件事実教育は、あってよかったし、勉強になったと思います。裁判官が判断に使っている枠組みを知ることは、裁判に勝つうえでは必要ですし。かといって、実務（仕事）をやりながら勉強できるものではありませんし。思考方法の訓練という意味でも、よかったと思います。

D　ただ、裁判官が、要件事実にあてはまるかどうか、それだけで事件を見てしまうような使い方をされてしまうと、当事者にとってつらいものがあると思いますね。つまり、要件事実だけで形式的に判断してしまうと、紛争の実状が見えなくなってしまうと思うんです。それなのに、要件事実に基づく事実整理ができるという能力を過大評価されて、任官の基準にされているとすれば、問題だと思います。

●裁判修習の成果は？

A　では、実務修習での裁判官の印象は変わりましたか？

E　実務に行ってみて、裁判官の印象は変わりましたね。こういうと失礼だけど、案外、普通の人が多かった。世俗から離れてる感じの人、考え方が市民的感覚からずれている人がもっと多いのかと思ったけど。

B　うーん、それは、実務修習地によって違うかもしれない。地方は結構普通かもしれないけど、大都市は感覚のずれている人が多かったように聞いてるけど……。

A　弁護士として実際に仕事を始めてみて、裁判修習を経験した成果としてどのようなことがありますか。

F　弁護士の立場からすると、裁判官がどんなことをしているのか、見ることができたというだけでもよかった。裁判官室の雰囲気がわかったり、どれくらい仕事をしているとか、どんなふうに合議しているとか。裁判官が身近に感じられたというか。

C　私自身は、成果があったのかはわからない。ただ、裁判官に幻想を抱かなくなったかな。

B　裁判修習のとき、弁護士の活動に対する意見として、なんでもっと事件を整理してから裁判所に持ってこないんだろう、というような話はよく聞いたけど、これは、弁護士を始めてから、そう簡単にはいかないということがわかったように思います。

依頼者もいろいろあるけど、たとえば大会社で法務部があって……というようなところではなしに、近所に住んでる普通のおばちゃんが、困って駆け込んできて、いろいろ聞いても弁護士も把握し切れていなくて、でも「全体のことがわかるまでは事件を裁判所に持っていかない」というわけにはいかないから、弁護士がわかった範囲で提訴すると、あとからあとからいろんな事実が出てくる、というようなことも、珍しくなかったです。

そういう、法律家でない人から、話を聞くことがいかに難しいか、それを組み立てる苦労というものを裁判官にも知っておいてほしい。単に、弁護士が無能だとか、当事者がおかしいとか、そういうことではないわけです。

裁判官になる人が、弁護修習をするというのは、どのようにして事件が裁判所に持ち込まれるのかという実際を見るのには、大事だし、ぜひ見てほしいと思います。

D　それから、裁判官で、そういう事件について「こんなの裁判で解決するんじゃなくて、話し合いですればいいのに」みたいなことをいう人がいました。でも、そういう事件の当事者というのは、ほかの方法がないから、裁判で解決しようと思って来ているのであって、その辺の事情もわかってほしいです。

C　紛争が、要件事実だけで割り切れるものではないということを任官者に知ってもらう意味で、任官者が弁護修習をすることは大きいと感じました。

刑事編

●裁判官の身体拘束に対する意識が低い

A　それでは、刑事にいってみたいと思いますが。どうですか。

E　刑事の場合、仕事を始めて一番感じるのは、裁判官の身体拘束に対する意識が低いことです。身体拘束を受けるということは、仕事にも差し支えるし、少年ならば学校をやめないといけないかもしれない。それだけ大きいことなんだけど、簡単に拘束を認めてしまってると思います。証拠隠滅のおそれが本当にあるのか、逃亡のおそれが本当にあるのか、本当に吟味してるのかと思うくらいです。

C　でも、統一修習の意味、という今回のテーマで考えると、任官した人も、みんな、修習生の時に弁護修習を経験しているはずですよね。刑事の事件も、弁護士というか被疑者・被告人の立場で経験していると思うんですけど……。そんなふうに簡単に身体拘束を認めてしまうのはなぜなんでしょう。

B　裁判官ひとそれぞれ考え方があるから、弁護修習を経験すれば身体拘束についても厳格に考えるようになると一概にはいえない。ずーっと裁判所にいれば、弁護修習で経験した感覚を忘れてしまって、身体拘束の重大さをあまり考えないようになってしまうんじゃないですか。そういう意味では、修習の時だけ弁護の経験をしていたのではだめで、区切り区切りに弁護の経験をするとか、弁護士が任官するとか、そういうことが必要ではないかと感じています。

F　それこそ、裁判官が接見に行ってみればいいと思います。

●刑事裁判修習の意味は？

A　弁護士になる者が、刑事裁判修習をすることの意味についてはどうですか。

B　やはり、民事の場合と同じで、裁判官なる人々がどのように生活し、判断しているのかということを知ることができたということが大きいかもしれません。

E　弁護士の活動の評価を知ることができたり。ここでいう「評価」というのは、弁護士が「ここぞ」と思ってやっていることが、裁判官には大して評価されていなかったりする、といったことで、いい悪いという評価ではありません。

D　私の場合には、裁判官室に入りやすい、ということがあります。裁判官室というのは、ある意味とても閉鎖的な感じがしますが、修習で出入りしていたという実績があるので、裁判官に面接にでかけることに対する敷居は高く感じません。まあ、これは、年数を重ねていけば、慣れてくることなんだろうと思いますが、最初の数年間は、ただでさえ緊張している時期ですから、そのとき多少なりとも気軽に立ち寄れてよかったと思っています。

●検察修習の意味は？

A　弁護士や裁判官になる人が検察修習をすることはどうですか。

C　裁判官が、取調べ修習で、当事者から事情を聞く経験を持つことは、それなりに意味があるんじゃないでしょうか。この機会と、弁護修習の機会しか、ありませんから。

B　われわれからしてみれば、どんなふうに捜査が進んでいるのかわかるという点は勉強になりました。

A　検察官になる人が、弁護修習や裁判修習をすることの意味はどうでしょう。

F　うーん……、わからないな。

B　つい最近、私のやった事件での保釈の請求をしたときの話なんですが、捜査担当の検事からは、保釈相当という意見だと聞いていたのに、公判担当の検事の意見は不相当で何を言ってもいっこうに耳を傾けなかった。

C　そういうことってありますね。

E　たしかに窃盗事件で被害弁償ができていなかった。ただ、事実を認めて、今後支払っていくという誓約書も提出しているのに、検察官は罪証隠滅のおそれありということで不相当と言ってくるのはひどいと思いました。それ以上に、ひどかったのは、裁判官。
　裁判官に、保釈の要件は、単なるおそれではなくて、「罪証隠滅をすると疑うに足りる相当の理由」と刑事訴訟法に書かれていると指摘したところ、「いやー、実務上は可能性がある、でしょう」と声高に言われて、「一体、おまえは検察官か!!!!」と、心の底から叫びたくなりました。

最後に

●統一修習について

A　だんだん一年目弁護士の愚痴の言い合いみたいになってきましたね。ところで、このあたりでまとめに入りますが、統一修習でよかった点、足りないこと、あれば言ってください。

B　統一修習については二つの方向性があると思います。一つは法曹一元の基礎だということ。この統一修習は、なんと言っても、将来裁判官や検察官になる人にも弁護修習で弁護士の在野の立場を経験させる良さがあって、その点は法曹一元の趣旨と共通します。
　また、弁護士希望者も検察修習や裁判修習を経ることで、十分とは言えないまでも、将来裁判官や検察官にもなりうる資質を身につけることができる。これは、法曹一元の基礎となるものと言えます。

しかし、一方で、逆の方向にも働く問題点があります。現行では、研修所が最高裁の統制下におかれるので、研修所外の自主的活動についてまで、何か参加するのがはばかられるような、そういう雰囲気があるという問題もあります。

D　うちのボスは、最高裁のお抱えの研修所で、統一修習をやっても、現行の実務に追随する姿勢を身につけてしまうだけだからだめだ、と言っていた。それに対しては私も反論できなかったんです。

E　だから今、ロースクールにしよう、という意見もあるけど、あれは、さまざまな方面からいろんな構想があってまだまとまっていないし、高学費が払えないと入学できないとか、大学間の格差が広がるといった問題もありますね。

C　それに、在野の立場の経験といっても数カ月の間だけでは、短すぎて、裁判官、検察官になると忘れてしまう。

F　忘れてしまうっていうだけでなく、忙しくてついつい事務的な処理になってしまうんじゃないかな。

B　裁判官の中でも、人手不足で忙しすぎる、もっと増員してほしい、と言う人もいるくらいだよ。今日の新聞にも、そんなことが書いてあった。

D　裁判官自身に対する最高裁からの統制、締めつけという問題もありますね。裁判官は市民集会にも出られないそうだし。

A　これまでの発言からすると、統一修習には法曹一元につながる良さがあるが、現状の統一修習だけでは、今の司法の問題の改善にはならない。根本的には法曹一元にする必要がある、ということだね。

C　でも、実際に法曹一元にするには、裁判所も抵抗するだろうし、大変そうだね。

A　まずは、この本を読んでもらって、司法修習についてみんなに考えてもらおうよ。

修習生って何だろう

司法試験に受かったら

2000年10月20日　第1版第1刷
2008年6月10日　第1版第4刷

編　者：21世紀の司法修習を見つめる会
発行人：成澤壽信
発行所：（株）現代人文社
〒160-0004 東京都新宿区四谷2-10 八ッ橋ビル7階
電話：03-5379-0307（代表）　FAX：03-5379-5388
Eメール：henshu@genjin.jp
hanbai@genjin.jp
Web：http://www.genjin.jp
振替：00130-3-52366
発売所：（株）大学図書
印刷所：（株）ミツワ
ISBN978-4-87798-027-6　C3032

Ｏ・Ｊシンプソンはなぜ無罪になったか

誤解されるアメリカ陪審制度

四宮 啓著

本当に人種カードが無罪評決の決め手だったのか。マスコミ報道からではわからない裁判の経過を報告し、陪審裁判の神髄に迫る。

1700円

《復刻版》陪審手引

大日本陪審協会編

復刻版監修・解説／四宮啓

昭和六年発行の陪審員に配布されたガイダンス。ふりがな・イラスト付で平易に解説。陪審への情熱が甦る貴重な資料。

900円

日本に陪審制度は導入できるのか

その可能性と問題点

丸田隆編

陪審制度実現の最大の好機が到来した。導入をめぐる争点・論点を総点検し、陪審制度に対する批判・疑問に丁寧に答える。

2500円

陪審制復活の条件

憲法と日本文化論の視点から

中原精一著

陪審制は日本人の国民性に適しないとする反対論は根強い。果たしてそうなのか。憲法の原理との法文化から、復活の条件を探る。

1900円

弁護のゴールデンルール

キース・エヴァンス著

高野隆訳

公判は真実を究明する場所ではない、弁護士らしくはなしてはいけない——法廷弁護術の極意を実際の法廷でのケースを交えながら伝授する。

1700円

この本体価格に消費税が加算されます。定価は変わることがあります。